Vilém Flusser

Von der Freiheit des Migranten

Der Autor

Vilém Flusser, geboren 1920 in Prag, 1991 bei einem Verkehrsunfall nahe der tschechisch-deutschen Grenze gestorben, floh 1940 vor den Nazis nach London und wanderte kurze Zeit darauf mit seiner späteren Frau Edith nach Brasilien aus. Bis 1972 blieb er in São Paulo, wo er zuletzt als Professor für Kommunikationsphilosophie lehrte. 1972 ging er nach Europa zurück und ließ sich schließlich in der Provence nieder, verbrachte dort zuletzt aber nur noch die Hälfte des Jahres. Die andere Hälfte war der gefragte und streitbare Redner unterwegs, um Einladungen zu Vorträgen und Symposien zu folgen, die ihn in die ganze Welt, bevorzugt aber in den deutschsprachigen Raum führten.

Die Texte des Bandes wurden zusammengestellt von Stefan Bollmann.

Vilém Flusser

Von der Freiheit des Migranten

Einsprüche gegen den Nationalismus

Europäische Verlagsanstalt

Die Deutsche Nationalbibliothek verzeichnet diese Publikation in der Deutschen Nationalbibliografie; detaillierte bibliografische Daten sind im Internet über http://dnb.d-nb.de abrufbar.

CEP Europäische Verlagsanstalt GmbH, Hamburg 2021

Umschlaggestaltung nach Entwürfen von: MetaDesign, Berlin
Signet: Dorothee Wallner nach Casper Neher „Europa" (1945)
Printed in Germany

ISBN 978-3-86393-115-5
Auch als E-Book erhältlich, ISBN 978-3-86393-558-0

Informationen zu unserem Verlagsprogramm finden Sie im Internet unter www.europaeische-verlagsanstalt.de

Inhalt

Vilém Flusser und die Freiheit des Denkens

von Maria Lília Leao

In der «Phase des Lebens, in der sich der Geist endgültig bildet», lernte ich Vilém Flusser kennen: eine eindrucksvolle menschliche Gestalt, eine von jenen, die im Kern unserer Persönlichkeit einen prägenden Eindruck hinterlassen.

Flusser liebt die Herausforderung, die hautnahe intellektuelle Auseinandersetzung, die er selbst auslöst, fast im Gestus eines Initiationsritus. «Ein Markstein der deutschen Kultur», «eine philosophische Respektlosigkeit, von Plato bis Wittgenstein» – das waren zwei diametral entgegengesetzte Kritiken, die in Hamburg anläßlich eines Seminars über sein Buch *Für eine Philosophie der Fotografie* formuliert wurden. Flusser lachte laut heraus beim Schildern der Szene, ein typischer Zug dieses wahrhaftigen Homo ludens, eines jüdisch-tschechisch-brasilianischen *Macunaíma.* *

Bei einem seiner Aufenthalte in São Paulo hörte ich ihn zu dem Thema «Text und Bild» sprechen. Die Sätze, destilliert aus der Strenge von Vernunft und Leidenschaft – nur wenige konnten das so amalgamieren wie Flusser –, waren wie Peitschenhiebe, die uns aus der Lethargie aufrüttelten, zu der uns ein lärmendes Zeitalter verdammt; er wollte unbequem sein, damit keiner die Illusion hegen könne, man sei nicht verantwortlich, und es lohne sich nicht, über alles immer wieder neu nachzudenken.

Flusser veranlaßt immer zum Denken. Und Denken tut weh. Er hat sich nicht verändert, unser Freund und Philosoph; er bemüht sich weiterhin, das Nachdenken für uns zur lebenswichtigen Nahrung werden zu lassen, zur körperlichen Geste des Seins, zum erotischen Vergnügen. Es gibt

* *Macunaíma, o Herói sem Nenhum Caráter* (Macunaíma – der Held ohne jeden Charakter) ist der Titel des berühmtesten Romans des brasilianischen Schriftstellers Mário de Andrade.

keinen Zweifel, daß für ihn der ganzheitliche Mensch das denkende Wesen ist.

Als wir ihn kennenlernten – ich spreche von einer Gruppe junger Universitätsleute in den sechziger Jahren, einer Generation, die den Gestus eines lockeren intellektuellen Umgangs mit der Angst kultivierte und deren Ironie noch nicht gänzlich abgeglitten war –, waren wir alle in der großen Leere der Sinnsuche versunken. Flusser, der Fremde in der Welt, vaterlandslos par excellence, von vielen als der «genuine Philosoph Brasiliens» angesehen, sollte an allem teilnehmen und alles fördern. Aber bald stellte sich eine subtile Dialektik zwischen seinem Engagement in der brasilianischen Kultur und unserer Distanzierung von eben diesem gemeinsamen Hintergrund ein.

Wir Migranten sind die Fenster, durch die die Einheimischen die Welt sehen können.

Sollte er für uns dieses Fenster sein?

Ein tieferes Geheimnis als dasjenige der geographischen Heimat ist das der Suche nach dem anderen. Die Heimat des Heimatlosen ist der andere.

Sollten wir für ihn diese Heimat sein?

Philosophisch war die intellektuelle Jugend Brasiliens von Sartre, Camus und anderen Existentialisten geprägt, obwohl die große Mehrheit keinen freien Zugang dazu hatte (und auch heute noch nicht hat). Unsere Gruppe jedoch war privilegiert: Wir gingen im Haus von Flusser aus und ein. Da strömten die Wirbelstürme, Winde und Brisen der philosophischen Welt zusammen, auf Gesellschaften, die ganze Wochenenden dauerten, und auf denen immer wieder Anatol Rosenfeld, João Guimarães Rosa, Milton Vargas, Mira Schendel, Samson Flexor, Vicente und Dora Ferreira da Silva auftauchten. Für uns Jungen und Mädchen entpuppte sich Flusser als «peripatetischer» Lehrer (obwohl er immer auf seinem Stuhl im Wintergarten in der Tiefe seines Hauses im Jardim America saß, eingehüllt in eine Wolke von Rauch aus seiner unvermeidlichen Pfeife). Nichts kann die ersten Schritte einer solchermaßen gelehrten und übermittelten Philosophie behindern: *Paideia*, aufgebaut auf dem konkreten Boden des Umgangs mit einem lebenden Existenz-Modell. All das formte unsere Köpfe und ist heute in unseren jeweiligen Kontexten wirksam. Ein klassischer Fall des mächtigen Einflusses des intellektuellen Patriarchen, so wird man sicher sagen. Einige, die das Gewicht dieser starken Information nicht ertragen konnten, leugnen sie heute, flüchten sich in die tückischen Gesänge des Unbewußten und entziehen sich der Konfrontation. Erinnert Flusser in dieser Hinsicht nicht ein wenig an Freud? Wie dieser – subversiv, Jude, Emigrant – wurde er vom akademischen Establishment nicht angenommen, und doch rief er Zuneigung und Abneigung und eine Schar von schmerzlich stigmatisierten Schülern hervor.

Während der 31 Jahre, die er unter brasilianischen Umständen lebte, entwickelte Flusser seine Art zu denken mit einer Kraft und einer Originalität, die einen seiner unverwechselbaren Züge ausmachen – was ihm ein mystifiziertes Bild eintrug und sogar die Gelehrten, die häufig mit ihm fochten, aus der Fassung brachte.

Wie Nietzsche, Kierkegaard und viele andere nahm sich Flusser nicht vor, ein philosophisches System aufzubauen. Sein Denken ist ein großzügiges fließendes Gewebe, gewoben aus alten und neuen Maschen, im Vertrauen auf die Kette, die die Sprache bildet – das Haus des Seins, wie sie Heidegger nennt. Seine Vertiefung in die verschiedenen Strömungen der Phänomenologie brachte ihn zur Sprachphilosophie, der er viele Aufsätze, Bücher und Vorlesungen widmete. Schließlich wurde ihm sogar die Kolumne «Posto Zero» in der Tageszeitung *Folha de São Paulo* eingerichtet, wo er von 1969 bis 1971 eine Art phänomenologische Analyse des brasilianischen Alltags vorführte.

Wenn Flusser schreibt, und er tut es mit der Leichtigkeit des Atmens, übersetzt und rückübersetzt er denselben Text in die Sprachen, die er beherrscht: Deutsch, Englisch, Portugiesisch, Französisch.

Max Planck sagt in seiner Autobiographie, daß für die Entstehung eines originalen Gedankens zwei Bedingungen gegeben sein müssen: daß der «Schöpfer» dieses Gedankens frei ist und daß eine ganze Generation ausstirbt; denn erst die nächste wird in der Lage sein, ihn zu verstehen. Die Zeitgenossen sind festgelegt und versklavt, deshalb erschrecken sie vor dem Neuen. Das ist, kurz gesagt, Flussers Sünde: das Neue zu denken und dazu frei zu sein. Jeder, der in Kontakt mit seinen Ideen kommt, merkt, wie sehr sie mit dem in Beziehung stehen, was ihm täglich widerfuhr. Er kann sich nicht auf die Grundlagen seines Denkens beschränken, weil es ständig mit Fakten, welcher Art auch immer, konfrontiert wird. Die Fähigkeit, die Welt scharf zu beobachten und die Aktualität zu erfassen, wobei er beides durch klassische Konzepte filtert und eigene Konzepte entwickelt, machen Vilém Flusser zum Denker unserer «posthistorischen» Epoche. Es ist genau dieses Zusammenstimmen der Beobachtung der Fakten mit der darauf aufbauenden Reflexion, die uns den Eindruck des Wahrhaftigen vermittelt.

Was fehlt noch, damit dieser Eindruck zur Wahrheit führt? Isaías Kirschbaum antwortet: Erst die Zustimmung vergibt den Wahrheitsstempel.

Die Migration ist eine kreative Situation. Und eine schmerzhafte. Wer die Heimat verläßt (aus Zwang oder aus freier Wahl, und beides ist schwer zu unterscheiden), leidet. Denn tausend Fäden verbinden ihn mit der Heimat, und wenn diese durchschnitten sind, ist es, als hätte ein chirurgischer Eingriff stattgefunden. Als ich aus Prag vertrieben wurde (oder als ich die mutige Entscheidung traf zu fliehen), durchlebte ich den Zusammenbruch des Universums. Ich verwechselte mein Inneres mit der Welt da draußen. Ich litt unter dem Schmerz der durchschnittenen Fäden. Aber dann, im London der ersten Kriegsjahre und beim Vorahnen der Schrecken der Lager, begann ich, mir darüber klar zu werden, daß es nicht die Schmerzen eines chirurgischen Eingriffs waren, sondern die einer Entbindung. Ich merkte, daß die durchtrennten Fäden mir Nahrung zugeführt hatten und daß ich jetzt in die Freiheit geworfen war. Ich wurde vom Schwindel der Freiheit erfaßt, der sich darin zeigt, daß sich die Frage «frei wovon?» in die Frage «frei wozu?» verkehrt. Und so sind wir alle Migranten: Wesen, die vom Schwindel ergriffen sind.

Vilém Flusser hat uns etwas zu sagen. Etwas, um uns zu beunruhigen. Seien wir frei, ihn zu hören. Und nehmen wir frei das Recht zu denken wahr.

Nationalsprachen

Längst totgeglaubte Ungeheuer beginnen, sich im befreiten Osteuropa zu recken und zu strecken. Als ob nach jahrzehntelanger Vereisung die Drachenbrut des Nationalismus aus ihren Sauriereiern schlüpfen wollte, um sich in der Sonne des freien Marktes zu tummeln. Albanier in Kosovo, Ungarn in Transsilvanien, Armenier in Georgien werden umgebracht (und bringen wohl auch um), weil sie eine andere Sprache als jene ihrer Mitbürger sprechen. Und das ist nichts als zögernde Einleitung zu weiterem linguistisch fundiertem Gemetzel. Die Sache wäre unglaublich, hätte sie nicht Präzedenzen. Man würde meinen, Linguisten (Sprachtheoretiker und -praktiker) seien vonnöten, um diese Schlangenknäuel zu entwirren. Die Präzedenzen zeigen jedoch, wie hoffnungslos derartige linguistische Interventionen sind, selbst wenn sie sich selbst «Esperanto» nennen. Der vorliegende Aufsatz hat vor, darüber nachzudenken, warum übernationale Sprachen (nicht nur Zamenhofs «Esperanto», sondern auch «Interlingua» eines so gewaltigen Denkers wie Peano es war) scheitern müssen.

Angenommen, alle Leute würden überall die gleiche Sprache sprechen. Das würde voraussetzen, daß sie einander nichts Neues zu sagen hätten. Denn wo immer irgend etwas gesagt wird, das vorher noch nicht ausgesprochen wurde, dort verändert sich entweder der Wortschatz (neue Worte werden geschaffen), oder die Syntax (neue Sprachregeln entstehen); oder beides. Die Folge ist, daß an jenen Stellen, wo etwas Neues gesagt wird, Sprachveränderungen vor sich gehen, die sich langsam in der Gegend verbreiten, und sehr bald (in weniger als einer Generation) wird die Universalsprache in eine Reihe von einander zwar überschneidenden, aber doch sich verzweigenden Untersprachen zerfallen. Dagegen ist einzuwenden, daß es in der Vergangenheit Universalsprachen gegeben hat, die sich über viele Generationen hindurch als solche erhalten haben. Etwa die Koine im Hellenismus, das Kirchenlatein im Mittelalter oder Französisch im 18. Jahrhundert. Vorher scheint Aramäisch für lange Zeit diese Rolle gespielt zu haben, und gegenwärtig ist die englische Sprache als eine Art Koine anzusehen. Der Einwand ist jedoch nicht gültig. Derartige Universalsprachen ersetzen nicht die Nationalsprachen, sondern sitzen über ihnen, und sie dienen nicht dem Ausarbeiten neuer Informationen, sondern dem Übertragen von Informationen, die in den einzelnen Nationalsprachen ausgearbeitet wurden.

Aber man muß unter dem Begriff «Sprache» nicht unbedingt jenen Code verstehen, der aus «Phonemen» besteht, also aus Lauten, die wir mittels Zunge, Zähnen und Gaumen erzeugen. Es wird ja auch von Zahlensprachen, filmischen Sprachen, musikalischen und bildnerischen Sprachen, und vor allem von Computersprachen geredet. Und derartige Sprachen laufen ja quer über die Grenzen der Nationalsprachen und kümmern sich nicht um diese Grenzen. Nur gilt für solche Sprachen noch stärker, was oben von den Universalsprachen behauptet wurde. Sobald in ihnen neue Informationen ausgesagt werden, beginnen sie sich zu verzweigen und zu verzetteln. Komplexe mathematische Sprachen entstehen, die nur von wenigen Spezialisten «gesprochen» werden können – Beethovens Sprache ist eine andere als Mozarts, in den bildenden Künsten herrscht eine babylonische Sprachverwirrung, und das Problem der «Kompatibilität» der einzelnen Computersprachen untereinander wird trotz Esperanto-artigen Interventionen immer vertrackter. Was immer man mit dem Begriff «Sprache» meinen möge, ob «langue» oder «langage», jede Art von Universalsprache ist dazu verurteilt, bedeutungslose Aussagen zu machen (leerem Gerede zu dienen). Das ist am deutlichsten an der einzigen tatsächlich konsequenten Universalsprache, nämlich jener der symbolischen Logik, ersichtlich: Sie ist dafür gemacht, um leere Aussagen (Tautologien) zu artikulieren.

Das heißt aber noch nicht, daß Linguisten nichts zu dem

widerlichen Gemetzel zu sagen haben, das aus sprachlichen Gründen in Osteuropa ansetzt und sich zu verbreitern droht. Im Gegenteil, sie können überhaupt erst zeigen, was sich dort ereignet. Und zwar, weil sie zeigen können, wie Nationalsprachen (und überhaupt «Untersprachen») entstehen. Sie entstehen dort und dann, wenn es gilt, neue Informationen zu artikulieren, für welche die ursprüngliche Sprache nicht kompetent war. Zum Beispiel sind die einzelnen romanischen Sprachen aus dem Latein des untergehenden Imperiums entstanden, weil es galt, in Gallien, in Iberien oder in Dakien etwas zu sagen, was in Italien nicht gesagt werden konnte. Demnach sind Nationalsprachen (und alle Untersprachen überhaupt) Werkzeuge zum Erzeugen von Neuem, kreative Instrumente. Sie sind alle, ohne Ausnahme, großartige Produkte des menschlichen Willens, Neues herzustellen. Alle Sprachen, ohne Ausnahme, sind Triumphe des Geistes in seinem Kampf gegen die Sturheit der Welt, in die wir geworfen wurden, und jede einzelne Sprache hat eine ihr eigene, nirgendwo anders zu findende Schönheit. Wer also seine eigene Sprache liebt, liebt alle anderen, denn erst im Vergleich zu anderen (etwa beim Übersetzen) erstrahlt die Schönheit der eigenen und der anderen Sprache.

Das erst erklärt, warum in Transsilvanien (zum Beispiel) Rumänen Ungarn umbringen und von ihnen umgebracht werden: Weil es nämlich um Leute geht, die ihre eigene Sprache nicht genügend gut sprechen, um sie lieben zu können. Die mordenden Rumänen benützen ihre Sprache nur, um leeres Gerede darin zu artikulieren, Schlagworte, Parolen, und nicht, um den Reichtum ihrer Sprache für Kreatives anzusetzen. Sie morden die Ungarn (und umgekehrt), weil sie nichts Interessantes aus dem Rumänischen ins Ungarische (und umgekehrt) zu übersetzen haben. Diese Leute morden einander, weil sie sprachliche Kretins sind.

Das also wäre der Beitrag, den Linguisten zum wiedererwachenden Nationalismus leisten könnten: Wer seine eigene Muttersprache liebt, muß notwendigerweise alle anderen Sprachen ebenso lieben (kann also kein Nationalist sein), weil erst im Vergleich zu anderen Sprachen die Schönheit aller Sprachen völlig leuchtet. Und wer seinen Nachbarn umbringt, weil er eine andere Sprache als seine eigene spricht, der hat keine Ahnung von seiner eigenen Sprache. Also, Nationalismus ist nicht dank Esperanto (oder irgendeinem anderen Universalismus), sondern mittels Kenntnis der eigenen Nationalsprache (und der eigenen Nation) zu bekämpfen. Es besteht jedoch wenig Hoffnung, daß ein derartiger Beitrag der Linguistik zum Kampf gegen den Nationalismus von Erfolg gekrönt wird. Gegen Kretinismus ist kein Kraut gewachsen.

Wohnung beziehen in der Heimatlosigkeit

Gegen meine Gewohnheit und vom Thema «Heimat und Heimatlosigkeit» gelenkt und verleitet, habe ich diesmal vor, das Geheimnis meiner Heimatlosigkeit ein wenig zu lüften. Ich bin gebürtiger Prager, und meine Ahnen scheinen seit über tausend Jahren in der Goldenen Stadt gewohnt zu haben. Ich bin Jude, und der Satz «Nächstes Jahr in Jerusalem» hat mich seit meiner Kindheit begleitet. Ich war jahrzehntelang an dem Versuch, eine brasilianische Kultur aus dem Gemisch von west- und osteuropäischen, afrikanischen, ostasiatischen und indianischen Kulturemen zu synthetisieren, beteiligt. Ich wohne in einem provenzalischen Dorf und bin ins Gewebe dieser zeitlosen Siedlung einverleibt worden. Ich bin in der deutschen Kultur erzogen worden und beteilige mich an ihr seit einigen Jahren. Kurz, ich bin heimatlos, weil zu zahlreiche Heimaten in mir lagern. Das äußert sich täglich in meiner Arbeit. Ich bin in mindestens vier Sprachen beheimatet und sehe mich aufgefordert und gezwungen, alles Zu-Schreibende wieder zu übersetzen und rückzuübersetzen.

Erschwerend und anfeuernd kommt hinzu, daß ich mich für die Phänomene der zwischenmenschlichen Kommunikation, also für die Lücken zwischen Standorten und für die diese Lücken überspannenden Brücken interessiere. Wahrscheinlich ist dieses Interesse auf mein eigenes Schweben über den Standorten zurückzuführen. Dies zwingt mich und erlaubt mir, das Transzendieren von Heimaten nicht nur konkret zu erleben und zu bearbeiten, sondern auch theoretisch darüber nachzudenken. Der folgende Beitrag soll dieses konkrete Erleben, tägliche Bearbeiten und theoretische Überlegen des Themas «Heimat und Heimatlosigkeit» dokumentieren.

Zuerst will ich, so scharf wie möglich, zwischen «Heimat» und «Wohnung» unterscheiden, wobei ich mir peinlich bewußt bin, mit der deutschen Sprache spielen zu müssen. Das deutsche Wort «Heimat» findet, unter den mir geläufigen Sprachen, nur im tschechischen Wort *domov* ein Äquivalent, und dies wohl dank des Drucks, den das Deutsche auf das Tschechische jahrhundertelang ausgeübt hat. Vielleicht ist der Begriff «Heimat» nur im Deutschen heimisch – der Begriff, nicht aber das Erlebnis? Doch sogar bei dem Erlebnis habe ich meine Bedenken. Erlebt der provenzalische Bauer in Robion seine geschichtliche, weil vielgeschichtete Heimat (an deren Struktur spätpaleolithische, neolithische, ligurische, griechische, römische, visigotische, burgundische, arabische, fränkische, provenzalische, italienische und französische Ahnen mitgebaut haben) im gleichen Sinn, in welchem etwa der brasilianische wandernde Landarbeiter seine *terra* oder der israelische Kibbuznik sein *Eretz Israel* erleben?

Während der weitaus größten Zeitspanne seines Daseins ist der Mensch ein zwar wohnendes, aber nicht ein beheimatetes Wesen gewesen. Jetzt, da sich die Anzeichen häufen, daß wir dabei sind, die zehntausend Jahre des seßhaften Neolithikums hinter uns zu lassen, ist die Überlegung, wie relativ kurz die seßhafte Zeitspanne war, belehrend. Die sogenannten Werte, die wir dabei sind, mit der Seßhaftigkeit aufzugeben, also etwa den Besitz, die Zweitrangigkeit der Frau, die Arbeitsteilung und die Heimat, erweisen sich dann nämlich nicht als ewige Werte, sondern als Funktionen des Ackerbaus und der Viehzucht. Das mühselige Auftauchen aus der Agrikultur und ihren industriellen Atavaren in die noch unkartographierten Gegenden der Nachindustrie und Nachgeschichte («hinc sunt leones») wird durch derartige Überlegungen leichter. Wir, die ungezählten Millionen von Migranten (seien wir Fremdarbeiter, Vertriebene, Flüchtlinge oder von Kornseminar zu Kornseminar* pendelnde Intellektuelle), erkennen uns dann nicht als Außenseiter, sondern als Vorposten der Zukunft. Die Vietnamesen in

* Der Text geht auf einen Vortrag beim 2. sog. «Kornhaus-Seminar» zum Thema «Heimat und Heimatlosigkeit» in Weiler (Allgäu) zurück.

Kalifornien, die Türken in Deutschland, die Palästinenser in den Golfstaaten und die russischen Wissenschaftler in Harvard erscheinen dann nicht als bemitleidenswerte Opfer, denen man helfen sollte, die verlorene Heimat zurückzugewinnen, sondern als Modelle, denen man, bei ausreichendem Wagemut, folgen sollte. Allerdings können sich derartige Gedanken nur die Vertriebenen, die Migranten, nicht aber die Vertreiber, die Zurückgebliebenen erlauben. Denn die Migration ist zwar eine schöpferische Tätigkeit, aber sie ist auch ein Leiden. Wie ja bekannterweise das Tun aus dem Leiden emportaucht («Wer nie sein Brot in Tränen aß ...»).

Die Heimat ist zwar kein ewiger Wert, sondern eine Funktion einer spezifischen Technik, aber wer sie verliert, der leidet. Er ist nämlich mit vielen Fasern an seine Heimat gebunden, und die meisten dieser Fasern sind geheim, jenseits seines wachen Bewußtseins. Wenn die Fasern zerreißenoder zerrissen werden, dann erlebt er dies als einen schmerzhaften chirurgischen Eingriff in sein Intimstes. Als ich aus Prag vertrieben wurde (oder den Mut aufbrachte zu fliehen), durchlebte ich dies als einen Zusammenbruch des Universums; denn ich verfiel dem Fehler, mein Intimstes mit dem Öffentlichen zu verwechseln. Erst als ich unter Schmerzen erkannte, daß mich die nun amputierten Fasern angebunden hatten, wurde ich von jenem seltsamen Schwindel der Befreiung und des Freiseins ergriffen, der angeblich den überall wehenden Geist kennzeichnet. Im London des ersten Kriegsjahres, in diesem für Kontinentale chinesischen England, und unter Vorahnungen des kommenden Entsetzens der Menschlichkeit in den Lagern erlebte ich damals die Freiheit. Das Umschlagen der Frage «frei wovon?» in «frei wozu?», dieses für die errungene Freiheit charakteristische Umschlagen, hat mich seither in meinen Migrationen wie ein Basso continuo begleitet. So sind wir alle, wir aus dem Zusammenbruch der Seßhaftigkeit emportauchenden Nomaden.

Es sind zumeist geheime Fasern, die den Beheimateten an die Menschen und Dinge der Heimat fesseln. Sie reichen über das Bewußtsein des Erwachsenen hinaus in kindliche, infantile, wahrscheinlich sogar in fötale und transindividuelle Regionen; ins nicht gut artikulierte, kaum artikulierte und unartikulierte Gedächtnis. Ein prosaisches Beispiel: Das tschechische Gericht *svickova* (Lendenbraten) erweckt in mir schwer zu analysierende Gefühle, denen das deutsche Wort «Heimweh» gerecht wird. Der Heimatverlust lüftet dieses Geheimnis, bringt frische Luft in diesen gemütlichen Dunst und erweist ihn als das, was er ist: der Sitz der meisten (vielleicht sogar aller) Vorurteile – jener Urteile, die vor allen bewußten Urteilen getroffen werden.

Das in der Prosa und Dichtung gerühmte und besungene Heimatgefühl, diese geheimnisvolle Verwurzelung in infantilen, fötalen und transindividuellen Regionen der Psyche, widersteht der nüchternen Analyse nicht, zu welcher der Heimatlose verpflichtet und befähigt ist. Zwar, zu Beginn dieser Analyse, nach dem Verlassen der Heimat, ergreift das analysierte Heimatgefühl die Gedärme des Sich-selbst-Analysierenden, als ob es sie umstülpen wollte. Das deutsche Wort «Heimweh» oder das französische *nostalgie* erfaßt dies weniger gut als das portugiesische *saudade.* Aber, nach dem erwähnten Umschlagen der Vertriebenheit in Freiheitstaumel, der Frage «frei wovon?» in die Frage «frei wozu?», wird die geheimnisvolle Verwurzelung zu einer obskurantischen Verstrickung, die es jetzt wie einen gordischen Knoten zu zerhauen gilt. Der Sich-selbst-Analysierende erkennt dann, bis zu welchem Maß seine geheimnisvolle Verwurzelung in der Heimat seinen wachen Blick auf die Szene getrübt hat. Er erkennt nicht etwa nur, daß jede Heimat den in ihr Verstrickten auf ihre Art blendet und daß in diesem Sinn alle Heimaten gleichwertig sind, sondern vor allem auch, daß erst nach Überwindung dieser Verstrickung ein freies Urteilen, Entscheiden und Handeln zugänglich werden. In meinem Fall: Nach dem Zerhauen eines gordischen Knotens nach dem anderen, des Prager, des Londoner, des Paulistaner, habe ich nicht nur die Gleichwertigkeit (oder auch Gleichunwertigkeit) aller dort angesiedelten Vorurteile erkannt, und vorwegnehmend auch die der in Robion angesiedelten, sondern vor allem auch, daß meine Freiheit zu urteilen, mich zu entscheiden und zu handeln mit jedem Zerhauen zunimmt. Diese Erkenntnis erlaubt, mit sich immer verbessernder Virtuosität die Knoten, einen nach dem anderen, zu zerhauen. Die Emigration aus Prag war ein fürchterliches Erlebnis, die aus Robion wäre wahrscheinlich nur noch die freie Entscheidung, sich ins Auto zu setzen und wegzufahren. Das ist der Grund, warum mir der Zionismus, trotz aller Sympathie, existentiell nicht zusagt.

Das geheimnisvolle Heimatgefühl fesselt an Menschen und Dinge. Beide sind sie in dieses Geheimnis gebadet. Ich glaube nicht, daß es nötig ist, von der Verderblichkeit eines geheimnisvollen Gefesseltseins an Dinge zu sprechen. Derart sakralisierte Dinge bedingen nicht nur (das heißt, sie schmälern die Freiheit), sondern sie werden personalisiert (das heißt, man liebt sie). Diese Verwechslung von Dingen und Personen, dieser ontologische Irrtum, ein Es für ein Du zu nehmen, ist genau das, was die Propheten Heidentum nannten und was die Philosophen als magisches Denken zu überwinden versuchten. Das geheimnisvolle Gefesseltsein an Menschen jedoch verdient, bedacht zu werden. Es stellt nämlich das eigentliche Problem der Freiheit.

Ich habe in dieser Hinsicht zwei Erfahrungen, die einander widersprechen. Alle Menschen, mit denen ich in Prag geheimnisvoll verbunden war, sind umgebracht worden. Alle. Die Juden in Gaskammern, die Tschechen im Widerstand, die Deutschen im russischen Feldzug. Alle Menschen, mit denen ich in São Paulo geheimnisvoll verbunden war, leben, und ich stehe mit ihnen in Verbindung. Paradoxerweise ist daher das Zerhauen des Prager gordischen Knotens leichter gewesen als das des Paulistaner, wiewohl das Geheimnis, das mich an Prag gebunden hatte, dunkler ist als das im Fall von São Paulo. Eine allerdings makabre Erfahrung.

Die geheimnisvollen Fesseln, die mit den Menschen der Heimat verbinden (also etwa Liebe und Freundschaft, aber auch Haß und Feindschaft), zerren am Emigranten, weil sie seine unter Leid errungene Freiheit in Frage stellen. Es sind nämlich die dialogischen Fäden der Verantwortung und des

Einstehens für den anderen. Ist etwa die Freiheit des Migranten, dieses über allen Orten schwebenden «Geistes», eine verantwortungslose, solipsistische Freiheit? Hat er etwa seine Freiheit auf Kosten des Mitseins mit anderen errungen? Oder ist verantwortungslose Einsamkeit das Los des Migranten (wie es die romantischen Dichter wahrhaben wollen)? Das oben erwähnte Umschlagen aus der Vertriebenheit in die Freiheit verneint diese Frage. Ich wurde in meine erste Heimat durch meine Geburt geworfen, ohne befragt worden zu sein, ob mir dies zusagt. Die Fesseln, die mich dort an meine Mitmenschen gebunden haben, sind mir zum großen Teil angelegt worden. In meiner jetzt errungenen Freiheit bin ich es selbst, der seine Bindungen zu seinen Mitmenschen spinnt, und zwar in Zusammenarbeit mit ihnen. Die Verantwortung, die ich für meine Mitmenschen trage, ist mir nicht auferlegt worden, sondern ich habe sie selbst übernommen. Ich bin nicht, wie der Zurückgebliebene, in geheimnisvoller Verkettung mit meinen Mitmenschen, sondern in frei gewählter Verbindung. Und diese Verbindung ist nicht etwa weniger emotional und sentimental geladen als die Verkettung, sondern ebenso stark, nur eben freier.

Das, glaube ich, zeigt, was Freisein bedeutet. Nicht das Zerschneiden der Bindungen an andere, sondern das Flechten dieser Verbindungen in Zusammenarbeit mit ihnen. Der Migrant wird frei, nicht wenn er die verlorene Heimat verleugnet, sondern wenn er sie aufhebt. Ich bin Prager und Paulistaner und Robionenser und Jude und gehöre dem deutschen sogenannten Kulturkreis an, und ich leugne dies nicht, sondern ich betone es, um es verneinen zu können.

Die Soziologen scheinen uns zu belehren, daß die geheimen Codes der Heimat von Fremden (zum Beispiel von Soziologen oder von Heimatlosen) erlernt werden können, da ja die Beheimateten selbst sie zu lernen hatten, was die Initiationsriten bei den sogenannten Primitiven belegen. Daher könnte ein Heimatloser von Heimat zu Heimat wandern und in jede von ihnen einwandern, wenn er nur an seinem Schlüsselbund alle notwendigen Schlüssel zu diesen Heimaten mit sich trägt. Die Wirklichkeit ist anders. Die geheimen Codes der Heimaten sind nicht aus bewußten Regeln, sondern größtenteils aus unbewußten Gewohnheiten gesponnen. Was die Gewohnheit kennzeichnet, ist, daß man sich ihrer nicht bewußt ist. Um in eine Heimat einwandern zu können, muß der Heimatlose zuerst die Geheimcodes bewußt erlernen und dann wieder vergessen. Wird jedoch der Code bewußt, dann erweisen sich seine Regeln nicht als etwas Heiliges, sondern als etwas Banales. Der Einwanderer ist für den Beheimateten noch befremdender, unheimlicher als der Wanderer dort draußen, weil er das dem Beheimateten Heilige als Banales bloßlegt. Er ist hassenswert, häßlich, weil er die Schönheit der Heimat als verkitschte Hübschheit ausweist. Bei der Einwanderung entsteht daher zwischen den schönen Beheimateten und den häßlichen Heimatlosen ein polemischer Dialog, der entweder in Pogromen oder in Veränderung der Heimat oder in der Befreiung der Beheimateten aus ihren Bindungen mündet. Dafür bietet mein Engagement in Brasilien ein Beispiel.

Ich will zuerst den Begriff «Brasilien» von den ihn verdeckenden eurozentristischen Vorurteilen (etwa Dritte Welt, Unterentwicklung oder Ausbeutung) befreien. (Vorurteile, diese vorbewußt gefällten Urteile, sind übrigens in allen Heimaten heimisch.) Die Bevölkerung Brasiliens bestand bis tief ins 19. Jahrhundert aus drei einander überlagernden Schichten. Aus Portugiesen, die zum Teil aus der Heimat geflüchtet waren, zum Teil das Land für Portugal administrierten. Aus Afrikanern, die als Sklaven hingebracht wurden. Und aus Ureinwohnern, die immer weiter ins Hinterland abgeschoben wurden (wobei diese Ureinwohner wieder in eine einst herrschende Oberschicht, die Tupis, und eine beherrschte Unterschicht, die abfällig sogenannten Tupinambas, eingeteilt werden konnten). Als in der zweiten Hälfte des 19. Jahrhunderts die Sklaverei abgeschafft wurde und die Afrikaner begannen, sich arbeitslos in Städten zu häufen, wurden europäische Einwanderer, vor allem zuerst Norditaliener, in die Landwirtschaft (Kaffee, Baumwolle, Zuckerrohr) berufen. Der ersten Einwanderungswelle folgten andere, zum Beispiel die der Polen, der Syrio-Libanesen, der Japaner und immer neuer Portugiesen. Bei meiner Ankunft dort war die letzte dieser Wellen die der Juden, aber inzwischen sind weitere dazugekommen, bis der Einwandererstrom in den sechziger Jahren versiegte. Wichtig ist festzuhalten, daß dieser Strom vor allem den Süden des Landes betraf und den Norden beinahe unberührt ließ, so daß sich das Land in zwei Regionen teilte. Gegenwärtig gibt es eine massenhafte Strömung aus dem Nordosten in den Süden, und die uns aus dem europäischen Fernsehen bekannten Bilder betreffen zum Großteil diese massenhafte Strömung.

Vor der Sklavenbefreiung war zwar ständig von einer brasilianischen Heimat in Poesie und Prosa romantisch die Rede, aber die Wirklichkeit (die berüchtigte *realidade brasileira*) strafte diese Rede Lüge. Es gab die dünne portugiesische Oberschicht, die sich um die Häfen häufte, um die letzten Nachrichten aus den verlorenen Heimaten Lissabon und Paris entgegenzunehmen. Man fühlte sich vertrieben. Die große Masse der Bevölkerung war afrikanisch, hatte aber zu Afrika keine bewußte Beziehung. Die nackt aus den Sklavenschiffen an die brasilianischen Strände geworfenen Menschen trugen nur in ihrer von schwerer Arbeit betäubten Innerlichkeit die verlorenen Kultureme, die dann allerdings in Form von Musik, Tanz und religiösen Riten ausbrachen, um den Boden einer jeden künftigen brasilianischen Heimat zu bilden. Die Ureinwohner, die immer weiter abgeschoben wurden, waren kein echter Teil Brasiliens, sondern nur eine teils mythisch-verherrlichte, teils brutal vergewaltigte Hintergrunderscheinung. Es unterscheidet übrigens Brasilien (und Argentinien und Uruguay) vom übrigen Lateinamerika, daß die Ureinwohner dort nur einen ideologisch verbrämten Hintergrund bilden.

Die europäischen, nah- und fernöstlichen Einwanderer begannen seit Ende des 19. Jahrhunderts, die Frage nach Brasilien als einer Heimat zu stellen. Ist es möglich, aus derart heterogenen Elementen ein Netz von geheimen Bindungen zu weben, wie wir es aus den alten Heimaten kennen? Es gab einen Ansatz zu diesem Weben: die portugiesische Sprache. Sie war, im Vergleich zu der in Portugal gesprochenen, zwar einerseits archaisch (es haben sich darin Renaissance-Elemente erhalten), zum anderen Teil verwildert (afrikanische Elemente waren eingedrungen). Aber gerade dies erlaubte dem Portugiesischen zu einer Lingua franca zum Beispiel zwischen arabischen und japanischen Sprechern zu werden. Ist es möglich, eine brasilianische Sprache herzustellen, die fähig ist, eine brasilianische Kultur zu tragen und zu übertragen und somit aus dem Land Brasilien eine Heimat für eine künftige Gesellschaft zu machen? Diese für alle Beteiligten begeisternde Frage bildet, meiner Meinung nach, den Nährboden für alles, was in diesem Jahrhundert dort hergestellt wurde, angefangen mit Brasilia bis zum Bossa nova.

Als ich in Brasilien ankam, wurde ich, sobald es mir einigermaßen gelang, mich von den Gasöfen zu befreien, von diesem Taumel mitgerissen. Ich tauchte in die Begeisterung für das Errichten einer neuen, menschenwürdigen, vorurteilslosen Heimat unter. Und erst der *golpe*, der Staatsstreich der Armee, hat mich ernüchtert. Und zwar nicht, weil ich, wie die europäischen Beobachter, darin eine reaktionäre Intervention, sondern die erste Verwirklichung einer brasilianischen Heimat erkannte. Ich will etwas näher auf diese meine Enttäuschung mit der brasilianischen Heimat (und mit allen Heimaten überhaupt) eingehen:

Brasilien war existentiell ein *no man's land*, als die Einwanderungswellen im 19. Jahrhundert begannen. Es war niemandes Heimat. Daher der Schlachtruf der eine Heimat erzwingen wollenden Patrioten: *Este pais tem dono* (Dieses Land hat einen Besitzer). Nicht eine afrikanische, asiatische oder andinische Kolonie war es, wo Kolonisatoren Einheimische beherrschten, sondern, etwa wie die Staaten, ein leeres Land, aus dem die Einheimischen vertrieben wurden. Daher wurden die Einwandernden nicht als häßliche Fremde, sondern vorurteilslos als heimatlose Schicksalsgenossen empfangen. (Aus Zeitmangel kann ich hier nicht auf den Unterschied zwischen Brasilien und den Staaten eingehen.) Diese vorurteilslose Stimmung unterschied sich so stark von der europäischen Stimmung der Heimaten, aus denen die

Einwandernden vertrieben worden waren, daß es geradezu eine Gemeinheit gewesen wäre, sich nicht zu engagieren. Außerdem war man in diesem Niemandsland Pionier auf jedem Gebiet, das man bearbeiten wollte. In meinem Fall: Eine brasilianische Philosophie war, in Zusammenarbeit mit einigen wenigen Schicksalsgenossen, überhaupt erst zu schaffen. So begann man, dialogische Fäden mit seinen Mitmenschen zu spinnen, welche nicht, wie in der verlorenen Heimat, durch die Geburt aufgelegt waren, sondern frei hergestellt wurden. Und so erkannte ich, was den Patriotismus (sei er lokal oder national) so verheerend macht: daß er aufgelegte menschliche Bindungen heiligt und daher die frei auf sich genommenen hintanstellt; daß er die Familienverwandtschaft über die Wahlverwandtschaft stellt, die echt oder ideologisch biologische über Freundschaft und Liebe. Ein Freiheitstaumel erfaßte mich: Ich war frei, mir meine Nächsten zu wählen.

Dieses Weben eines künftigen geheimen Codes, einer künftigen brasilianischen Heimat, dieses Verwandeln von Abenteuer in Gewohnheit und dieses Heiligen der Gewohnheit blieben begeisternd, solange immer neue Einwandererwellen aufgenommen wurden. Das im Weben begriffene Netz blieb offen. Zum Beispiel: Das philosophische Institut, an dem italienische Croceschüler, deutsche Heideggerianer, portugiesische Orteguianer, ostjüdische Positivisten, belgische Katholiken und angelsächsische Pragmatiker teilnahmen, mußte sich japanischen Zenschülern, einem libanesischen Mystiker und einem chinesischen Schriftgelehrten öffnen, und es mußte einem westjüdischen Talmudisten einen Platz gewähren. Trotzdem jedoch begann es sich zu institutionalisieren. Die Aufnahme darin wurde immer schwerer. Es begannen sich Vorurteile zu kristallisieren. Das heißt, man begann, mit dem Errichten einer neuen Heimat Erfolg zu haben.

Hinzu kamen in den fünfziger Jahren zwei Erfahrungen, die es in den Griff zu bekommen galt. Die erste ist unter dem Begriff *defasagem* (etwa Dephasierung), die zweite unter dem Begriff *populismo* zu fassen. In dem Maß nämlich, in dem sich ein autonomer brasilianischer Kern herauszubilden begann, ging der lebendige Kontakt mit den großen Zentren (vor allem in Amerika) verloren, und ich erkannte, was ich aufgegeben hatte, als ich mich in Brasilien engagierte – nämlich die Freiheit von geographischer Bindung. Es begannen in mir Zweifel zu entstehen, ob in der gegenwärtigen informatischen Revolution nicht jede geographische Verbundenheit reaktionär ist; ob man den Vorteil, keine Heimat zu haben, aufgeben sollte.

Die zweite Erfahrung, die mit dem *populismo*, ist radikaler. Die wirtschaftlich-soziale Schichtung war in den fünfziger Jahren etwa diese: Die große Masse der Bevölkerung lebte halbnomadisch, folgte den Ernten der Monokulturen in Elend, Hunger und Krankheit, und sie war die Herausforderung, aus dieser kulturlosen Menge eine Heimat zu machen. Darüber saß das größtenteils aus Einwanderern bestehende Proletariat der Städte und darüber das Bürgertum, das teils aus Einwanderern, teils aus den Nachkommen der portugiesischen Eroberer aufgebaut war. Das Weben der Heimat war Sache der Bürger. Und die Frage war: An wen haben wir uns zu wenden? An die Arbeiter der Städte, um sie bewußt zu machen? Oder an die passive Masse, um sie dem Gewebe der Gesellschaft einzuverleiben? Beides zugleich war unmöglich. Denn um die Städter zu mobilisieren, mußte man politisieren, und um die Masse anzugehen, mußte man wirtschaftlich handeln und entpolitisieren. Also entweder sich für die Freiheit oder für das Bekämpfen von Hunger und Krankheit engagieren. Es ist sehr schwierig, sich einer so unmöglichen Wahl klar zu stellen. Ich versuchte es, und ich bin daran gescheitert.

Die «populistische» Tendenz, die mit Vargas zur Herrschaft kam und deren letzter Ausläufer der vor seinem Amtsantritt verstorbene Präsident war, glaubte, der unmöglichen Wahl so zu entgehen: Man mußte zuerst die Arbeiter politisch mobilisieren, um nachher die Masse aufsaugen zu können. Dies führte zu faschistoider Demagogie und zu einer Vulgarisation aller kulturellen Unternehmungen. Die zweite Tendenz, die «technokratische», packte das Dilemma an seinen Hörnern. Es gilt zuerst einmal, die Not zu beheben, und um dieses tun zu können, muß man zentral planen. Eine solche Planung setzt Diktatur voraus und das «provisorische» Unterbinden aller sozialen, politischen und kulturellen Störung der Planung. Diese «technokratische» Tendenz ist in der Armee verkörpert – einer aus Bürgern bestehenden Gruppe. Nach 1964 wurde mir klar, daß der Sieg der Technokratie über den *populismo* der einzige Weg ist, um endlich aus Brasilien eine Heimat werden zu lassen. Und es wurde mir auch klar, wie diese Heimat aussehen würde: ein gigantischer, fortgeschrittener Apparat, der in Borniertheit, Fanatismus und patriotischen Vorurteilen keiner europäischen Heimat nachstehen würde. Es dauerte allerdings bis zum Jahr 1972, bis ich mich unter Schmerzen entschloß, mein Engagement an Brasilien aufzugeben und in der Provence, diesem Antibrasilien, zu wohnen.

Die Enttäuschung mit Brasilien war die Entdeckung, daß jede Heimat, sei man in sie durch Geburt geworfen, sei man an ihrer Synthese engagiert, nichts ist als Sakralisation von Banálem; daß Heimat, sei sie wie immer geartet, nichts ist als eine von Geheimnissen umwobene Wohnung. Und daß man, wenn man die in Leiden erworbene Freiheit der Heimatlosigkeit erhalten will, ablehnen muß, an dieser Mystifikation von Gewohnheiten teilzunehmen. In meiner brasilianischen Erfahrung: Die Bindungen, die ich dort eingegangen bin, habe ich aufrechtzuerhalten, denn ich bin verantwortlich für meine brasilianischen Mitmenschen, so wie sie verantwortlich für mich sind. Aber ich habe außerhalb von Brasilien andere Bindungen aufzunehmen und in diese neuen Bindungen meine brasilianische Erfahrung einzubauen. Nicht Brasilien ist meine Heimat, sondern «Heimat» sind für mich die Menschen, für die ich Verantwortung trage.

Daher ist die in der Heimatlosigkeit gewonnene Freiheit gerade nicht Philanthropie, Kosmopolitismus oder Humanismus. Ich bin nicht verantwortlich für die ganze Menschheit, etwa für eine Milliarde Chinesen. Sondern es ist die Freiheit der Verantwortung für den «Nächsten». Es ist jene Freiheit, die vom Judenchristentum gemeint ist, wenn es die Nächstenliebe fordert und vom Menschen sagt, er sei ein

Vertriebener in der Welt und seine Heimat sei anderswo zu suchen.

Man hält die Heimat für den relativ permanenten, die Wohnung für den auswechselbaren, übersiedelbaren Standort. Das Gegenteil ist richtig: Man kann die Heimat auswechseln oder keine haben, aber man muß immer, gleichgültig wo, wohnen. Die Pariser Clochards wohnen unter Brücken, die Zigeuner in Karawanen, die brasilianischen Landarbeiter in Hütten, und so entsetzlich es klingen mag, man wohnte in Auschwitz. Denn ohne Wohnung kommt man buchstäblich um. Dieses Umkommen läßt sich auf verschiedene Weisen formulieren, aber die am wenigsten emotional geladene ist diese: Ohne Wohnung, ohne Schutz von Gewöhnlichem und Gewohntem ist alles, was ankommt, Geräusch, nichts ist Information, und in einer informationslosen Welt, im Chaos, kann man weder fühlen noch denken noch handeln.

Ich baute mir in Robion ein Haus, um dort zu wohnen. Im Kern dieses Hauses steht mein gewohnter Schreibtisch mit der gewohnten, scheinbaren Unordnung meiner Bücher und Papiere. Um mein Haus herum steht das gewohnt gewordene Dorf mit seiner gewohnten Post und seinem gewohnten Wetter. Darum herum wird es immer ungewöhnlicher: die Provence, Frankreich, Europa, die Erde, das sich ausdehnende Universum. Aber auch das vergangene Jahr, die verlorenen Heimaten, die abenteuerlichen Abgründe der Geschichte und Vorgeschichte, die heranrückende abenteuerliche Zukunft und die unvoraussehbare weite Zukunft. Ich bin in Gewohntes eingebettet, um Ungewöhnliches hereinholen und um Ungewöhnliches machen zu können. Ich bin in Redundanz gebettet, um Geräusche als Informationen empfangen und um Informationen herstellen zu können. Meine Wohnung, dieses Netz von Gewohnheiten, dient dem Auffangen von Abenteuern und dient als Sprungbrett in Abenteuer.

Diese Dialektik zwischen Wohnung und Ungewöhnlichem, zwischen Redundanz und Geräusch ist, laut der Hegelschen Analyse, die Dynamik des unglücklichen Bewußtseins, welches ja das Bewußtsein schlechthin ist. Bewußtsein ist eben jenes Pendeln zwischen Wohnung und Ungewöhnlichem, zwischen Privatem und Öffentlichem, von dem Hegel sagt, daß ich mich selbst verliere, wenn ich die Welt finde, und daß ich die Welt verliere, wenn ich mich selbst finde. Ohne Wohnung wäre ich unbewußt, und das heißt, daß ich ohne Wohnung nicht eigentlich wäre. Wohnen ist die Weise, in der ich mich überhaupt erst in der Welt befinde; es ist das Primäre.

Aber es gibt nicht nur eine äußere Dialektik zwischen Wohnung und Welt, zwischen Gewohntem und Ungewohntem. Es gibt auch eine der Wohnung, der Gewohnheit selbst innewohnende Dialektik. Indem die Gewohnheit für das Ungewohnte offen steht, indem sie erlaubt, Ungewohntes als Information wahrzunehmen, wird sie selbst nicht wahrgenommen. Ich nehme, wenn ich mich an meinem Schreibtisch setze, die dort herumliegenden Papiere und Bücher nicht wahr, weil ich an sie gewöhnt bin. Was ich dort wahrnehme, sind nur die neu eingetroffenen Bücher und Papiere. Die Gewohnheit deckt alle Phänomene wie eine Wattedecke zu, sie rundet alle Ecken der unter ihr gelagerten Phänomene ab, so daß ich mich nicht mehr an ihnen stoße, sondern mich ihrer blindlings bediene. Es gibt diesbezüglich die bekannte Heideggersche Untersuchung der unter dem Bett liegenden Pantoffel. Ich nehme zwar meine Wohnung nicht wahr, aber ich empfinde sie dumpf, und diese dumpfe Empfindung heißt in der Ästhetik Hübschheit. Jede Wohnung ist für ihren Bewohner hübsch, weil er an sie gewöhnt ist. Das zeigt der bekannte ästhetische Zyklus: «häßlich – schön – hübsch – häßlich». Die an die Wohnung herankommenden Geräusche sind häßlich, weil sie Gewohntes stören. Verarbeitet man sie zu Information, werden sie schön, weil sie in die Wohnung eingebaut werden. Dieses Schöne verwandelt sich durch Gewohnheit zu Hübschheit, denn es wird noch dumpf empfunden. Und schließlich stößt die Wohnung Überflüssiges als Abfall hinaus, und es wird häßlich.

Dieser Exkurs in die Ästhetik war nötig, um das Phänomen der Heimatliebe (und der Vaterlandsliebe) in den Griff zu bekommen. Die Beheimateten verwechseln Heimat mit Wohnung. Sie empfinden daher ihre Heimat als hübsch, wie wir alle unsere Wohnung als hübsch empfinden. Und dann verwechseln sie die Hübschheit mit Schönheit. Diese Verwechslung kommt daher, daß die Beheimateten in ihre Heimat verstrickt sind und daher für das herankommende Häßliche, das etwa in Schönheit verwandelt werden könnte, nicht offen stehen. Patriotismus ist vor allem ein Symptom einer ästhetischen Krankheit.

Die irrtümlich als Schönheit empfundene Hübschheit einer jeden Heimat, diese Verwechslung zwischen Ungewöhnlichem und Gewohntem, zwischen Außerordentlichem und Ordinärem, ist in manchen Heimaten jedoch nicht nur eine ästhetische, sondern eine ethische Katastrophe. Wenn ich die Provence oder das Allgäu für schön halte, und dies nicht, weil ich diese Gebiete entdeckt habe, sondern weil ich an sie gewöhnt bin, dann bin ich Opfer eines ästhetischen, nicht aber notwendigerweise eines ethischen Irrtums. Halte ich jedoch São Paulo für schön, dann begehe ich eine Sünde. Denn die alle Phänomene verdeckende und abrundende Wattedecke der Gewohnheit läßt mich dann das dort herrschende Elend und Unrecht nicht mehr wahrnehmen, sondern nur noch dumpf empfinden. Es wird dann ein Teil der heimatlichen Hübschheit, die ich als Schönheit empfinde. Das ist das Katastrophale an der Gewohnheit.

Die Wohnung ist die Grundlage eines jeden Bewußtseins, weil sie erlaubt, die Welt wahrzunehmen. Aber sie ist auch eine Betäubung, weil sie selbst nicht wahrnehmbar ist, sondern nur dumpf empfunden wird. Verwechselt man Wohnung mit Heimat, Primäres mit Sekundärem, dann zeigt sich dieser innere Widerspruch noch klarer. Denn da der Beheimatete in seine Heimat verstrickt ist, so kann sie nur unter bewußter Anstrengung das Wahrnehmen der Welt dort draußen erlauben.

Der Migrant, dieser Mensch der heranrückenden heimatlosen Zukunft, schleppt zwar Brocken der Geheimnisse aller jener Heimaten in seinem Unterbewußtsein mit, die er durchlaufen hat, aber er ist in keinem derartigen Geheimnis verankert. Er ist ein in diesem Sinn geheimnisloses Wesen. Er ist durchsichtig für seine anderen. Nicht im Geheimnis, sondern in der Evidenz lebt er. Er ist zugleich Fenster, durch welches hindurch die Zurückgebliebenen die Welt erschauen können, und Spiegel, in dem sie sich, wenn auch verzerrt, selbst sehen können. Eben diese Geheimnislosigkeit des Migranten aber macht ihn für Beheimatete unheimlich. Die nicht zu verleugnende Evidenz des Migranten, diese nicht zu verleugnende Häßlichkeit des Fremden, das von überall kommend in alle Heimaten eindringt, stellt die Hübschheit und Schönheit der Heimat in Frage. Und da der Beheimatete Heimat mit Wohnung verwechselt, stellt dies sein Bewußtsein, sein Sein in der Welt überhaupt in Frage. Das Unheimliche am Heimatlosen ist für Beheimatete die Evidenz, nicht etwa daß es zahlreiche Heimaten und Geheimnisse gibt, sondern daß es in naher Zukunft überhaupt keine Geheimnisse dieser Art mehr geben könnte.

Die Evidenz, in welcher der Heimatlose lebt, stellt sich für ihn als Problem, nicht als etwas unheimlich Anmutendes dar. Der Verlust des ursprünglichen, dumpf empfundenen Geheimnisses der Heimat hat ihn für ein anders geartetes Geheimnis geöffnet: für das Geheimnis des Mitseins mit anderen. Sein Problem lautet: Wie kann ich die Vorurteile überwinden, die in den von mir mitgeschleppten Geheimnisbrocken schlummern, und wie kann ich dann durch die Vorurteile meiner im Geheimnis verankerten Mitmenschen brechen, um gemeinsam mit ihnen aus dem Häßlichen Schönes herstellen zu können? In diesem Sinn ist jeder Heimatlose, zumindest potentiell, das wache Bewußtsein aller Beheimateten und ein Vorbote der Zukunft. Und so meine ich, wir Migranten haben diese Funktion als Beruf und Berufung auf uns zu nehmen.

Für eine Philosophie der Emigration

Der Mensch ist bedingt. Man kann die Dinge, die ihn bedingen, klassifizieren. Etwa in die Klasse der natürlichen und die Klasse der gemachten Dinge. Man kann dann sagen, der Mensch sei von der Natur und der Kultur bedingt, in der er sich befindet. Bedingt sein heißt, von Dingen umgeben sein, die die Bewegung des Bedingten in spezifische Bahnen lenken. Der Mensch ist bedingt, weil seine Bewegung von den natürlichen und kulturellen Dingen in seiner Umgebung in spezifische Bahnen gelenkt wird. Die Bedingung ist eine Erklärung des Bedingten, weil man aus der Bedingung die Bahnen ersieht, in die die Bedingung gelenkt werden wird, und also diese Bewegung voraussieht. Der Mensch ist aus seiner natürlichen und seiner kulturellen Bedingung erklärlich.

Der Mensch ist nicht ganz bedingt. Es gibt in seiner Umgebung eine Stelle ohne Dinge. Von dieser Stelle aus kann er seine Umgebung überblicken. Gäbe es diese Stelle nicht, dann hätten die vorstehenden Zeilen nicht geschrieben werden können. Die von Dingen freie Stelle kann man die ironische nennen. Wenn sich der Mensch in die Ironie stellt, kann er seine Bedingung überblicken. Die Bewegung des Menschen in die Ironie hinein und aus der Ironie heraus kann nicht aus seiner Bedingung vorausgesehen werden. Der Mensch ist aus seiner Bedingung nicht ganz erklärlich.

Die Bewegung in die Ironie hinein ist eine Empörung. Mit dieser Bewegung steigt der Mensch aus seiner Bedingung empor. Die Bewegung aus der Ironie heraus ist ein Engagement. Mit dieser Bewegung kehrt der Mensch in seine Bedingung zurück, um sie zu ändern. Die beiden Bewegungen heißen Freiheit. Der Mensch ist frei, weil er sich mit einer unvorhersehbaren und unerklärlichen Bewegung gegen seine Bedingung empören kann und sie verändern kann. Durch diese Möglichkeit ist er virtuell frei, und, wenn er sie vollzieht, ist er faktisch frei.

Die Möglichkeit der Bewegung in die Ironie hinein und aus ihr heraus unterscheidet den Menschen von den Dingen in seiner Umgebung. Sie ist seine Würde. Jede Erklärung des Menschen, sei es aus seiner natürlichen, sei es aus seiner kulturellen Bedingung, ist eine Entwürdigung des Menschen. Eine Erklärung des Menschen aus der Natur aber entwürdigt ihn mehr als eine Erklärung aus der Kultur, weil sie auf das Absurde der Empörung deutet. Es ist absurder, wenn ich mich gegen meine Bedingung als Säugetier empöre, als wenn ich es gegen meine Bedingung als Bürger tue. Zwar bin ich beides, Säugetier und Bürger, ohne daß man mich befragt hätte, ob ich es sein will. Beides entwürdigt mich also. Aber es ist aussichtsreicher, mich gegen mein Bürgertum als gegen mein Säugetiertum zu empören, denn ich kann es eher ändern. Darum sind faschistoide Erklärungen des Menschen entwürdigender als sozialistoide. Beide sind allerdings falsche Erklärungen, weil sie das Unerklärliche im Menschen (seine Würde) unterdrücken.

Ich kann die Bewegung der Empörung in die Ironie auch Emigration nennen; und ich kann die umgekehrte Bewegung aus der Ironie (das Engagement) auch Immigration nennen. Mit dieser neuen Nomenklatur verschiebe ich das Problem ein wenig. Und zwar auf doppelte Weise: In meiner Empörung wandere ich aus einer Bedingung aus, um in eine andere einzuwandern; und mein Auswandern ist nicht nur Empörung, sondern auch Flucht. Die Verschiebung des Problems sei betrachtet.

Ich kann meine Bedingung ändern, indem ich sie vertausche. Auch das Vertauschen ist eine Veränderung, denn die verlassene Bedingung ist anders durch mein Verlassen, und die betretene Bedingung ist anders durch mein Betreten. Aber dieser Typ von Veränderung ist in eine andere Stimmung getaucht als die Wiederkehr in die ursprüngliche Bedingung – nämlich in die Stimmung der Flucht. Ich gebe die erste Bedingung fluchtartig auf und rette mich in die zweite. Ist das noch eine Empörung und ein Engagement im wahren Sinne des Wortes? Ist es hier noch erlaubt, von Freiheit zu sprechen? Ist der Mensch frei, weil er flüchten kann? Ich glaube, diese Frage kann strukturell beantwortet werden. Wenn ich die erste Bedingung verlasse, um auf derselben Ebene die zweite zu betreten, bin ich ein Flüchtling. Ich habe mich nicht empört und nicht engagiert, sondern ich habe mich treiben lassen. An dieser meiner voraussehbaren Bewegung ist keine Würde. Wenn ich aber die erste Bedingung in die Ironie hinein verlasse und mich aus dieser Ironie in die zweite Bedingung hineinbegebe, dann habe ich mich empört und engagiert, und mein Entschluß war würdig.

Die theoretische Unterscheidung zwischen Flucht und echter Emigration, und zwischen Rettung und echter Immigration ist relativ einfach. Die praktische ist schwerer. In der Praxis haftet jeder Emigration etwas fluchtartiges an und jeder Immigration ein Element von Rettung. Umgekehrt hat jede Flucht etwas von Emigration, wenn auch vielleicht nicht jede Rettung etwas von Engagement an sich hat. Aber es gibt doch Symptome, die uns helfen, in der Praxis die Unterscheidung zu treffen.

Was unterscheidet den Emigranten vom Flüchtling? Der Flüchtling ist, positiv und negativ, der verlassenen Bedingung verhaftet. Er schleppt sie auf seiner Wanderung mit sich, und zwar in einer Mischung von Ressentiment und Liebe. Der Emigrant hat sich über die verlassene Bedingung erhoben. In dieser seiner Empörung kann er aus ihr herausheben, was er will, und anderes kann er verwerfen. Was unterscheidet den Immigranten vom Flüchtling? Der Flüchtling, eingekapselt in die verlassene Bedingung wie er ist, ist der neuen verschlossen. Er hat ihr weder etwas zu geben, noch von ihr etwas zu nehmen. Der Immigrant steht der neuen Bedingung teilweise offen, nämlich an den Stellen, an denen die verlassene Bedingung ironisch verworfen wurde. An diesen Stellen kann er die neue Bedingung sich assimilieren und sich der neuen Bedingung assimilieren. Und er kann an den Stellen, an denen er seine alte Bedingung bewußt beibehält, auf die neue Bedingung verändernd einwirken.

Es gibt auch sogenannte innere Emigrationen. Der Schreiber hat sie selbst nicht erfahren und kann sie nicht bewerten. Er ist ein (wie er hofft) Emigrant aus Europa und Immigrant nach Brasilien. Es soll nicht geleugnet werden, daß die Struktur der verlassenen und der betretenen Bedingung die Emigration und die Immigration beeinflußt. Der Mensch ist eben doch ein teilweise bedingtes Wesen. Die Struktur der europäischen Bedingung ist derart, daß sie dem entschlossenen Emigranten die Empörung erleichtert. Die Struktur der brasilianischen Bedingung ist derart, daß sie dem entschlossenen Immigranten das Engagement leichtmacht. Trotzdem ist der Entschluß immer schwer, denn die Fäden der Bedingung kleben am Menschen. Es ist immer leichter, Flüchtling zu sein und die Flucht dann mit dem Begriff der Treue zu verschleiern. Echte Treue ist das Engagement an einem frei Erwählten. Also ist der Begriff der Treue von dem der Freiheit nicht zu trennen. Die Treue des Flüchtlings ist eine falsche Treue. Treu der europäischen Bedingung in Brasilien ist nicht der, der sie sklavisch bewahrt, sondern der, der versucht, Brasilien Teile dieser Bedingung einzuverleiben, wenn auch dieser Versuch aus einem Engagement an Brasilien quillt und nicht aus einem an Europa.

Zugegeben, eine Philosophie der Emigration ist erst zu schreiben. Ihre Kategorien sind noch nebelhaft und verschwommen. Aber sie sollte geschrieben werden. Denn sie wäre ja nicht nur für faktische, sondern auch für virtuelle Emigranten von Bedeutung. Eine ihrer Aufgaben wäre es, Emigration so deutlich wie möglich von Flucht zu unterscheiden. Und das inmitten einer Situation, die viele fluchtartige Elemente aufweist.

Um entsetzt zu sein, muß man vorher sitzen

Leute werden oft von irgendwo meist nirgendwohin vertrieben. Und wenn sie dabei nicht umkommen, werden sie irgendwo zu Immigranten. Obwohl das schon immer so war, seit Menschen ansässig wurden, ist es immer wieder entsetzlich. Alle drei Phasen daran sind entsetzlich: die erste des Vertriebenwerdens, die zweite des im Leeren Schweifens, die dritte des irgendwo Strandens. Denn die erste Phase entsetzt aus dem die Wirklichkeit stützenden Boden, die zweite setzt in die Unwirklichkeit aus, und die dritte versetzt in eine unannehmbare Wirklichkeit zweiten Grades. Das Entsetzen und das Entsetzliche werden im allgemeinen negativ bewertet. Hier wird versucht werden, ihnen positive Aspekte abzugewinnen.

Um entsetzt zu sein, muß man vorher sitzen. Das ist keine selbstverständliche Lage. Im Gegenteil: Der Unterschied zwischen der Pflanzen- und der Tierwelt ist (oberflächlich gesehen), daß Tiere nicht gesetzt werden, sondern gelegt oder geworfen. Vom Standpunkt der Pflanzen sind Tiere entsetzt und daher entsetzlich. Wie dies vom Standpunkt der Tiere aussieht, ist schwer auszumachen, weil Tiere im Gegensatz zu Pflanzen eigentlich keinen Standpunkt haben. Sie haben einen Liegepunkt und einen Lebensweg, und sind nur selten im Stillstand (auf einem Standpunkt). Und Menschen sind außerordentlich unruhige Tiere: Nicht nur erfahren sie immer fort, sondern sie sammeln die Erfahrungen und geben sie weiter. Menschen sind womöglich noch wurzelloser als andere Tiere, und wenn sie nach ihren Wurzeln suchen («roots»), dann hat man bei ihnen einen Gemüseeindruck. Verwurzelte, sitzende Menschen (soweit es so etwas tatsächlich und nicht nur ideologischerweise gibt), sind erfahrungsarme Kräuter. Um Mensch im vollen Sinn dieses

Wortes zu sein, muß man entsetzt sein. Laut Aristoteles begannen die Leute immer wieder aus dem Entsetzen heraus zu philosophieren. Und da sich die Leute nur selten selbst entsetzen, ist Vertreibung eine gute Methode, Mensch im vollen Sinn dieses Wortes zu werden.

Dagegen ist einzuwenden, daß diese Methode ein wenig zu radikal (von der Wurzel her) zu sein scheint. Kann man denn nicht etwa herumfahren, um zu erfahren und dann immer wieder zum Lagerfeuer (Heim) zurückkehren, um das Erfahrene zu prozessieren? Und dann zu lagern? Etwa wie Indianer in Kindergeschichten? Oder wie Touristen laut Reiseagenturen? Warum gleich drei Millionen vertriebener Afghanen? Statt 20 Millionen herumtreibender Ferienfahrer? Und philosophieren etwa die Afghanen besser als die Touristen? Die Antwort lautet: Mag sein, daß Vertreibung im Vergleich zu Tourismus zu radikal ist und daß keine der beiden Methoden notwendigerweise zu Menschen im vollen Sinn dieses Wortes führt, aber es gibt eben Vertreibung neben dem Tourismus, und aus diesem Faktum muß man das Bestmögliche gewinnen. Das ist kein Argument zugunsten von Vertreibung und/oder Tourismus, sondern zugunsten der Vertriebenen, die aus ihrem Entsetzen heraus etwas machen können.

Vertriebene setzen Vertreiber voraus, und das sind Leute, die sich zwar für Gemüse halten (für bodenständig), aber wie Ratten verhalten. Sie vertreiben, was ihrem angeblichen Standpunkt nicht zusagt, damit sich nicht herausstellen möge, daß dies gar kein Standpunkt ist, sondern ein Lager, worauf immer gleiche Junge geworfen werden. Sie vertreiben Auswurf, damit der Wurf immer gleichbleibt. Die Vertriebenen sind aus immer gleichem Wurf ausgewählter Auswurf: Sie sind eine von ihren Vertreibern erwählte Elite. Sie müssen sich auf ihre Noblesse nichts einbilden, denn sie sind von ihren Vertreibern und nicht durch eigenes Verdienst geadelt worden. Und doch gilt auch für sie «Noblesse oblige»: Sie sind ihrem Vertriebensein verpflichtet. Sie dürfen sich nicht treiben lassen, sonst werden sie zu Strandgut. Sondern sie müssen versuchen, ihr Vertriebensein als Antrieb zu erleben, zu erkennen und zu werten. Gelingt ihnen dies, dann verwandelt sich ihr Entsetzen in Vorsatz. Und so können sie zu Menschen im vollen Sinn dieses Wortes werden: zu vorsätzlich (wenn auch nicht notwendigerweise zielbewußt) handelnden Tieren.

Überlegt man sich das Gesagte (und unterdrückt man dabei die aufkommenden Gegenargumente), dann kommt man zum Schluß, daß «Mensch im vollen Sinn dieses Wortes» und «Vertriebener» synonym sind. Wir alle sind Vertriebene, wann immer wir «uns» entsetzen, und das Sitzen im Gewohnten wird «uns» immer wieder ausgetrieben. Damit scheint das Entsetzliche am Vertriebensein verharmlost, weil alltäglich und banal gemacht zu werden. Und auch die Behauptung, wir alle seien Vertriebene (Ent-fremdete, Eksistenzen), ist von einer solchen Banalität, daß man darüber vergißt, was für ein Entsetzen damit ausgesagt wird. Aber diese Banalität ist nicht, was hier gemeint wird. Sondern gemeint ist, daß wir in den Vertriebenen und ihrem Entsetzen uns selbst unschwer wiedererkennen: Sie sind so wie wir, nur extremer. Auch wir erleben die drei Phasen: den Verlust des Bodens, die Unwirklichkeit um uns und in uns und die unannehmbare Wirklichkeit zweiten Grades. Nur erleben wir dies auf weniger evidente Weise. Daher ist vielleicht das Folgende zu sagen: Die Vertriebenen, so wie sie gelegentlich auf unseren Fernsehschirmen ersichtlich sind, führen uns vor Augen, was zu sein wir eigentlich trachten müßten.

Planung des Planlosen

«Tourismus» sei Reisen als Selbstzweck, also «reines» Reisen, und es sei die These vertreten, daß der Tourismus in der Gegenwart eine Rolle einnimmt, die ungefähr der Rolle entspricht, welche die Theorie im klassischen Altertum spielte. «Theorie» bedeutet etwa «sight seeing» (Ansehen des Sehenswerten), und die klassische Theorie unterscheidet sich von der modernen grundsätzlich durch ihre Reinheit, das heißt dadurch, daß sie nicht vorhat, angewandt zu werden. Absichtslose Gratuität als Katharsis ist also dem modernen Tourismus und der klassischen Theorie gemein, und man kann die Gegenwart nicht verstehen und die Zukunft nicht ahnen, ohne das Phänomen des Tourismus ernst zu nehmen. Eine Phänomenologie des Tourimus ist noch zu schreiben. Der vorliegende Aufsatz hat vor, die möglichen Konturen einer solchen zu leistenden Arbeit vorzuschlagen.

Außertouristische Standpunkte zum Tourismus seien verachtet. Zum Beispiel der der Touristenindustrie (von der ja einige europäische Länder teilweise abhängen), der der Verwaltung (laut Presse war das Heer der Touristen die größte Sorge der französischen Regierung zu Beginn des Julis), der der internationalen Politik (die Porosität der Staatsgrenzen und ihre Degeneration zu Verkehrshindernissen kann einen Niedergang zuerst des Nationalismus und dann der Nationalität zur Folge haben), der ethnologische (die Verschiebung der Folklore zum Beispiel in Alpentälern, in denen Amerikaner Lederhosen und Einheimische Bermudas tragen), der linguistische (die ans Japanische erinnernde Osmose zwischen ganz unverwandten Sprachen, zum Beispiel Snack Bars im Katalanischen und Datschas in der bajuwarischen Mundart) usw. All diese Standpunkte seien zugunsten des Touristenstandpunktes selbst verachtet, und dieser Standpunkt sei aus dem Abstand eines überraschten Unterentwickelten betrachtet. «Aus Überraschung nämlich hat man einst und jetzt begonnen zu philosophieren» (Aristoteles).

Der Tourismus hat drei Phasen: (1) die Abfahrt, (2) die Reise und (3) die Heimkehr. Einst, in der grauen Vorzeit, ereignete sich die Abfahrt in beinahe mythischer festlicher Stimmung. Einer Stimmung der jährlichen Wiederkehr, und doch des Abenteuers. Landkarten wurden studiert, Fahrpläne verglichen, Hotels reserviert, Kleider gekauft, kurz: Pläne geschmiedet. Die Ferien artikulierten damals festlich das Jahr, wie im Mittelalter die Wallfahrten und im Altertum die Mysterien und Spiele. Die Zurückgelassenen begleiteten den Touristen zum Bahnhof, ein feierliches Geleit mit Ratschlägen, Tränen, Lächeln und Taschentuchschwenken. Heute werden die Sachen irgendwie kunterbunt am letzten Arbeits- oder Schultag ins Auto geworfen (denn selbstredend haben jetzt auch Mitschüler Autos), und wenn etwas fehlen sollte, kann man es ja zu gleichen Preisen und Qualitäten überall kaufen. Devisen-, Paß-, Ein- und Ausreiseformalitäten sind praktisch auf den Nullpunkt geschrumpft, und es heißt nur, sich zur Abfahrt entscheiden. Die Abfahrt kommt daher plötzlich. Und doch ist sie festlich: Sie läßt den Alltag in den grauen Nebel einer überholten Vergangenheit sinken. Sie verwandelt die eigene Stadt in überstandenen Umstand, die Verpflichtungen lösen sich, selbst die Wohnung wird ungewöhnlich. Die Abfahrt ist Befreiung aus der Gewohnheit, und der Entschluß zur Abfahrt ist das Ergreifen einer grundlegenden Freiheit: der der Bewegung. Ohne sie würde es nicht mehr lohnen zu leben. Ein junger Westberliner gestand jüngst, er fühle sich mehr als von der Mauer vom Umstand beengt, erst stundenlang fahren zu müssen, um planlos reisen zu können. Denn das Planlose, der *acte gratuit*, ist das Charakteristische an der Bewegungsfreiheit, ist das Wesen des Tourismus. Und dabei ist zu bedenken, daß dialektisch der in Europa triumphierende liberalistische Neokapitalismus eben für diese planlose Freiheit geplant ist, ein beunruhigendes Faktum.

Allerdings, ganz planlose Entscheidung gibt es nicht, und man kann einen Entwurf oft aus den Autodächern schließen: Kinderwagen und Zelte, Skier und Segelboote (Autodächer als Beiträge zur Hegelschen Dialektik der Freiheit). Und obwohl das Straßennetz, das Europa und Umgebung bedeckt, außerordentlich dicht ist, regelt es eben doch die Bewegung. (Sollte «Freiheit» die Menge der verfügbaren Alternativen sein, dann wäre die Dichte des Straßennetzes ein Indiz der Freiheit.) Also überall Planung des Absichtslosen. Die Dichte des Straßennetzes ist für den Südamerikaner noch überwältigender, wenn er die Mannigfaltigkeit der von ihm eingefangenen Landschaft betrachtet. Wenige Kilometer ändern völlig die Szene. Asturien ist in Natur und Kultur ganz verschieden von Galizien und dem Baskenland, die Languedoc vom Roussillon und von der Provence, der Oberammergau vom Pinzgau, und doch handelt es sich um für Südamerika lächerlich kleine Distanzen. Existentiell entspricht eine Fahrt in Europa von fünfzig Kilometern einer von fünfhundert Kilometern auf brasilianischer Skala. Zwar verwischt die über Europa flutende Touristenwelle einerseits alles Regionale, aber sie dient auch andererseits als Katalysator, es künstlich wieder zu betonen. (Erneut Dialektik.) Der Provenzale bereist zwar als Tourist die Türkei und Norwegen, was seinen Provinzialismus sicher nicht fördert, aber er mag zwar daheim jetzt Kabeljau und Schischkebab essen, dem Besucher der Provence setzt er Forelle mit Mandeln und Weißwein vor, wenngleich er bei der Forelle mit dem schottischen Touristen Eindrücke aus Cadiz tauscht.

Die Straßen sind zwar auf für Neuweltbewohner überraschende Art von Plakaten frei und lassen den Blick auf die Landschaft offen, aber sie laufen durch ein Spalier von Aufschriften der Art: «Chambres, Rooms, Zimmer, Stanze». Die Preise dieser Angebote schwanken zwar, aber die Qualität ist fast durchgehend gut, und die Touristen folgen nicht Preiskriterien, um Wohnhierarchien zu errichten. Verbürgerte Proletarier und nivellierte Bürger folgen einer dem Außenstehenden undurchschaubaren Wahl, um eine im Überholen begriffene Staffelung der sozialen Schichten im

Wohnen zu spiegeln. Uberhaupt ist es schwer, unter den Touristen soziale Unterschiede feststellen zu wollen. Kleider und Autos sind dieselben, und nur Gesichter und einige Sitten dienen als Winke. Die Europäer selbst unterscheiden besser, scheinbar danach, daß Ex-Proletarier noch mehr als Ex-Bürger verschwenden. In den Theatern zum Beispiel scheinen die hinteren Plätze von Ex-Bürgern bevorzugt zu werden. Man muß jedoch lernen, daß das ökonomische Motiv nicht mehr dazu dient, Klassen zu trennen, und daß es vielleicht in der Zukunft weder nötig noch interessant sein wird, die Trennung zu versuchen.

Die Gründe, die den Touristen bewegen, diesen und nicht jenen Ort zu wählen, sind unergründlich, und der entscheidende Faktor der Wahl ist der Zufall. Die Zufälligkeit verleiht dem Tourismus einen spielerischen Charakter, und der Tourist ist ein früher Ahne, ein Hominid, des kommenden Homo ludens. (Die aleatorische Negentropie innerhalb einer entropisch geplanten Welt des Neokapitalismus als Habitat des Absurden oder spielerischen Menschen.) Wenn aber auch der Zufall die Brownsche Bewegung des Tourismus beherrscht, so hat sie doch ein erkenntliches Ziel: Einsamkeit und Gemeinschaft. Einem Neuweltler ist nicht nötig, zu sagen, daß Gemeinschaft nur in der Einsamkeit gedeiht und daß die amorphe Masse menschliche Beziehungen vereitelt. Obwohl die Massifikation in Europa amerikanische Dimensionen nicht erreicht, ist der Tourismus doch ein Phänomen, der ihr entspringt und versucht, sie zu überwinden. An einsamen Orten, auf Bergen, an Stränden, an den Ufern von Seen und Bächen entstehen also kleine provisorische Gemeinschaften in Gasthäusern und Campings, zufällig aus multinationalen und heterogenen Elementen zusammengewürfelt, in denen die ersten Fäden einer neuen Pickordnung aus außerökonomischen Motiven gesponnen und verknüpft werden sollen. Das ist eine neue Polis, und sie wartet auf ihren Plato, um utopisch zu werden. Der Charakter der «offenen Struktur» dieser Spielkommunen wird noch betont durch den Nomadenzug am Touristen, der ihn Gemeinschaften wie Oasen wechseln läßt, so daß in ihnen die Gestalt (der Parkplatz) konstant bleibt, aber die Kamele (die Wohnautos) wechseln. Die Kommunikationstheorie hat auf dem Gebiet des Tourismus noch einiges zu leisten.

Neben den offenen Gemeinschaften gibt es noch archaische Restbestände, Kurorte und Sommerfrischen. Sie tragen viktorianischen Charakter und sind eine Art Museum der guten alten Zeiten. Das Klima des Schutzparks (Kultur als Natur) wird von der großen Menge alter Herren und Damen bestätigt, welche in Europa scheinbar nicht nur ablehnen zu sterben, sondern auch darauf bestehen, ihr Leben zu genießen. Die große Zahl Beschädigter unter ihnen ist ein Memento des Kriegscharakters der guten alten Zeiten. Es ist gut, diese Kulturpanoptika zu erhalten, damit die Jungen nicht vergessen.

Und dann bläst der Apparat mit seinen elektronischen Sirenen zur Heimkehr. Dieser Zapfenstreich, den die geplante Welt dem künftigen spielenden Menschen anzettelt, wirkt wie eine Art Verwandlung. Der Wagen des Touristen verwandelt sich aus dem Vehikel der Freiheit in ein Transportmittel, seine Frau aus der Gefährtin in Köchin und Kindermädchen, seine Kinder aus Spielkameraden in unsichtbare Posten des Kontos «Spesen», und er selbst aus dem Fastmenschen in Produzent, Konsument und Steuerzahler. Mit folgendem belastenden Umstand: Der Ex-Tourist kehrt in die Einschachtelung aus provisorischer Transzendenz heim und sieht daher seine Entwürdigung von außen und besser. Es nützt dabei wenig, zu wissen, daß dem Funktionieren eine neue Periode des Tourismus folgen wird und daß es eine Tendenz gibt, die Dauer des Funktionierens herabzusetzen. Denn der Tourismus fußt auf dem Funktionieren, und der Funktionär liegt im Wesenskern des Touristen. Die protestierende Jugend kann vielleicht so dargestellt werden: Touristen, die den Funktionär in sich selbst und außen zu leugnen versuchen und also nicht heimkehren wollen. So ist der Tourismus eine Errungenschaft des planenden Liberalismus, in der die gefährliche Dialektik der Freiheit besonders klar wird.

Eingangs wurde behauptet, der Tourismus nähme heute ungefähr die Stelle ein, die in der Klassik von der Theorie eingenommen wurde. Beide, moderner Tourist und griechischer Philosoph, kehren Ökonomie und Politik den Rükken, um sich dem reinen Sehen und dem spielerischen Akt zuzuwenden. Und beide tauchen, nach der Katharsis, wieder in die platonische Höhle ein. Und doch gibt es wichtige Unterschiede. Einer zum Beispiel ist, daß der griechische Philosoph den Sklaven und Handwerker *unter* sich hat (er ist aristokratisch), der moderne Tourist den Funktionär und Wähler *in* sich (er ist demokratisch). Ein anderer ist, daß der Philosoph in die Heiligkeit fährt, der Tourist ins Absurde. Und viele weitere wären aufzuzählen. Der Tourismus ist vielleicht durch die Parallele mit der klassischen Theorie ins Auge zu fassen, aber nicht zu verstehen und zu erklären. Er ist zur Genüge geheimnisvoll, um selbst, wenn man ihn als Hinweis auf die Zukunft nimmt, diese Zukunft doch im Dunkel des Mysteriums zu belassen.

Wohnwagen

Betrachtet man die Karawanen von Wohnwagen, welche die sommerlichen Straßen Europas entlangziehen, und die Zeltlager, welche um diese Wohnwagen an über Europa verstreuten Flecken aufgeschlagen werden, kann man sich des Eindrucks nicht erwehren, daß man vor dem Symptom einer Tendenz steht, die auf die Zukunft deutet. Es ist Aufgabe des Intellektuellen, erstens auf den symptomatischen Charakter derartiger Phänomene aufmerksam zu machen, zweitens solche Phänomene aus ihrem Kontext zu heben, um sie verständlich zu machen, und drittens zu ihnen Stellung zu nehmen, um eine allgemeine Diskussion herbeizuführen. Das ist der Sinn, in dem vom Intellektuellen behauptet wird, sein Beruf sei, der Gesellschaft Zeugnis von der Gegenwart und Blick auf die Zukunft zu gewähren. Die Aufgabe, die sich der vorliegende Artikel stellt, ist nicht, diesem Beruf hinsichtlich Wohnwagen Folge zu leisten. Dies würde seinen Rahmen in zahlreiche Richtungen hin sprengen. Sondern er hat die bescheidenere Absicht, den Wohnwagen ins Blickfeld einer phänomenologischen Ansicht zu rücken, um ihn einer späteren gründlicheren Untersuchung zugänglich zu machen.

Schaut man den Wohnwagen zuerst einmal nicht an, sondern hört aufmerksam auf seinen Namen (laut Faust kann man das Wesen am Namen ablesen), dann merkt man, daß er einen Widerspruch ausdrückt. «Wohnen» hat mit Gewohnheit und mit dem Gewöhnlichen zu tun, also mit einer Stimmung, bei der man seiner Umgebung vertraut, und daher nicht auf sie achtet. Und «Wagen» hat mit Wagnis zu tun (wenn auch vielleicht nicht etymologisch), mit Fahren und mit Erfahrung, also mit einer Stimmung, bei der man seine Umgebung beobachtet, weil sie nicht vertraut ist. Diese Antinomie Gewohnheit – Gefahr oder Mißachtung – Obacht, die im Wort «Wohnwagen» zum Ausdruck kommt, ist ein Aspekt der Dialektik des menschlichen Daseins. Andere Aspekte der gleichen Dialektik kommen in den Begriffspaaren privat – öffentlich, Kontemplation – Aktion, Identität – Differenz usw. auf vielen Daseinsebenen zu Worte. Heidegger, Sartre und andere haben diese Dialektik untersucht, aber es war schon Hegel, der sie mit dem Begriff des «unglücklichen Bewußtseins» erfaßte: Gewinnt man sich, verliert man die Welt, und gewinnt man die Welt, verliert man sich selber. Das Wort «Wohnwagen» scheint sagen zu wollen, daß die Dialektik des unglücklichen Bewußtseins dabei ist, überholt zu werden, und daß wir dabei sind, glücklich zu werden. Selbst wenn wir diesen Gedanken auch nur mit bitterer Ironie denken können, genügt er, um unsere Aufmerksamkeit auf den Wohnwagen zu lenken, so wie er auf den Landstraßen gefährlich hinter den Autos ausschert oder Strände und Flußgestade durch Gewöhnlichkeit verachtet.

Zweifellos bietet der Wohnwagen keinen unbedingt schönen Anblick, aber vielleicht sind Schönheit und Güte keine gemeinsame Voraussetzung für das Glück, und Platos Kalokagathie ist das Vorurteil eines Aristokraten? Denn es kann nicht bezweifelt werden, daß der Wohnwagen gut ist und dabei ist, immer besser zu werden. Unbedingt schön ist er nicht, weil er von außen gesehen jene Stereotypie hat, welche die Industrieprodukte kennzeichnet, und von innen gesehen jenen pseudobürgerlichen Kitschstil, welcher den Spätkapitalismus kennzeichnet. Aber diese ästhetischen Kriterien beweisen schon, daß er gut ist. Sein Industriecharakter beweist, daß er gut ist zum Fahren, und sein Kitschcharakter, daß er gut ist zum Wohnen. Ästhetische Kriterien an den Wohnwagen anzulegen, heißt, einem reaktionären Aristokratismus zu frönen. Der Wohnwagen ist gut, nicht für den ästhetisierenden Besitzer einer *Résidence secondaire* oder Datscha, sondern für den Neuen Menschen von morgen, und wenn der Datschabesitzer «horrible visu» dazu ruft, beweist er seine Entfremdung. Und er wird immer besser, das heißt billiger, größer, bequemer, heizbarer, leichter zu lenken. Seien wir also christlich und gestehen wir, daß

Glück eine Funktion der Güte ist und daß Schönheit vielleicht sogar sündhaft, bestenfalls aber fürs Glück neutral ist. Also, dank und durch Wohnwagen glücklich werden!

Ein Wohnwagen ist ein Haus auf Rädern. Ein Haus ist ein künstlicher Bauch, etwa ein Magen und Darm, in den man schluckt, und eine Gebärmutter, aus der man stößt, um das Licht der Welt zu erblicken. Räder hingegen sind nicht, wie man annehmen könnte, künstliche Füße. Sie beruhen auf einem Prinzip, das das organische Leben eigentlich nicht kennt: dem des Epizyklus. Theoretisch berühren sie den Boden gar nicht, denn sie berühren ihn punktartig, und Punkte sind dimensionslos. Das heißt, ein Wohnwagen ist ein künstlicher Bauch, der mit seiner Grundlage theoretisch keinen Kontakt hat, sondern über sie hinwegrollt. Aber er kann, in theoretisch frei gewählten Augenblicken und Stellen, in eine Grundlage verankert werden, um, in anderen Augenblicken, wieder «transzendent» zu werden. Und ist ein unbedingter transzendenter Bauch nicht etwa eine Materialisation des Glücks, wie es allen Heilslehren vorschwebt? Campings sind Vorahnungen der *Civitas Dei* und der Kommunistischen Gesellschaft.

Ein Wohnwagen ist ein Haus auf Rädern. Häuser sind Orte, und die Zeit rollt über ihnen und durch sie. Zum Beispiel werfen sie Schatten je nach dem Stand der Sonne. Räder sind Instrumente, dank denen der Raum durch die Zeit rollt. Zum Beispiel ist dank ihnen Frankreich am Vormittag und Spanien am Abend. Der Wohnwagen läßt das Raum-Zeit-Kontinuum erleben. Zum Beispiel kann man dank ihm an der Kreuzung «Frankreich-Juli» oder «Spanien-August» wohnen. Behauste Menschen sind unhistorisch, sie leben im Kreis, zum Beispiel dem Kreis des Hausschattens. Man nennt das die magisch-mythische Lebensform. Radfahrende Menschen sind historisch, sie leben in der Geraden, zum Beispiel der Strecke zwischen Büro und Wohnung. Man nennt das die fortschrittliche oder rationale Lebensform. Wohnwagenbesitzer sind posthistorisch, sie leben in der Raumzeit, zum Beispiel im Julifrankreich. Man kann das die strukturalistische Lebensform nennen, das heißt die Lebensform des glücklichen Neuen Menschen.

Noch allerdings ist es nicht so weit, noch sind Vorgeschichte und Geschichte nicht überwunden. Die meisten Menschen wohnen noch in Häusern und fahren in Autos. In Wohnwagen wohnen und fahren nur einige, und diese nur ausnahmsweise. Die prähistorische Struktur des Unterbewußtseins und die historische der Gesellschaft erlauben noch nicht die Synthese, bei der Haus und Auto durch Wohnwagen endgültig überholt werden. Einer solchen Überholung steht noch einiges im Weg, vor allem die orts- und zeitgebundene Arbeit. Vorläufig ist der Wohnwagen die Lebensform der Freizeit und des Freiorts. Dies erlaubt aber, einzusehen, wie sich der Übergang in die Nachgeschichte verwirklichen könnte. Sollte die gegenwärtige Tendenz zur Verminderung der Arbeitszeit im Großen und Ganzen weitergehen, wird ein Punkt erreicht werden, an dem Wohnwagen über Wohnung und Auto überwiegen können und an dem daher nicht nur Arbeitszeit, sondern auch Arbeitsraum überholt ist. Ein solcher Punkt wird bekanntlich in der Dialektik mit Umschlagen von Quantität in Qualität bezeichnet.

An diesem Punkt wird, laut Heiliger Schrift, eine Posaune ertönen, und wir werden alle verändert sein, nämlich zu Wohnwagenbesitzern. Da wir diesen Punkt vielleicht noch erleben können, sollten wir versuchen, ihn uns vorzustellen. Dafür sind historische Modelle nicht gut geeignet. Etwa der Versuch, den Wohnwagenbesitzer mit einem Nomaden zu vergleichen und ihn einem Bauern entgegenzusetzen. Dieser Vergleich mit der Jüngeren Steinzeit, die ein Sieg des Bauern über den Hirten ist, schlägt fehl, und es genügt, um dies einzusehen, ein Camping mit einem Zigeunerlager zu vergleichen. Wohnwagenbesitzer sind keine Nomaden, weil sie weder Büffeln noch Haushühnern nachgehen, sondern der «reinen Erkenntnis». Die Gesellschaftsform des Camping ist daher nicht der Stamm, sondern die einsame, zufällig zusammengewürfelte Masse. Wollte man die Lebensform des Nomaden als «uranisch-patriarchalisch», und die des Bauern als «chthonisch-matriarchalisch» bezeichnen, dann könnte man die Lebensform des Wohnwagenbesitzers als «bodenlos-fratriarchalisch» bezeichnen, ohne sich darunter allerdings viel vorstellen zu können. Es ist nämlich fraglich, ob Schiller ein Camping meinte, als er sagte, daß alle Menschen Brüder werden. Denn ein Camping hat kein Himmelszelt nötig, es besitzt Zelte zur Genüge und kann daher den Großen Vater ausklammern, der laut Schiller in so einem Himmelszelt ohne Wagen wohnt. Wenn also die Neunte Symphonie als Hymne der Zukunft vorgeschlagen wird, beruht das wahrscheinlich auf einem Irrtum.

Wir besitzen aber ein anderes Modell, nach dem wir vielleicht das Umschlagen der Lebensqualität erfassen können, nämlich die Schnecke. Dieses Wohnwagentier trägt *omnia sua secum*, kann sich auf sich selbst zurückziehen, dann die Fühler ausstrecken, sich der Zukunft entgegenstrecken, sich paaren und fressen. Eine nähere Untersuchung der Schnekke wäre wahrscheinlich aufschlußreich für das Verständnis des Wohnwagenbesitzers, dieses Neuen Menschen im Glück der Konsumgesellschaft. Nur ist dieses Modell für den, der reaktionär ästhetisierende Vorurteile hat und sie eingesteht, ein wenig zu schleimig. Das aber sollte für andere, die im Schleim und seiner Bewegung den Unterbau des Lebens sehen, kein Hindernis sein, das Modell zu benützen. Und wer Escargots ißt, weiß, daß etwas gut sein kann, auch wenn es nicht unbedingt schön ist.

Wohnwagen sind Symptome für eine Umwälzung in der Gegenwart, die auf eine mögliche Zukunft weist. Und schließlich: Warum sollte man den Wohnwagenbesitzer mit einer Schnecke vergleichen, statt mit dem Homo viator? Oder mit dem Fahrenden Ritter, der ausgeht, um zum Schutz von Witwen und Waisen Ungeheuer zu schlagen? Wenn man die Sache so sieht, ist man verleitet, sich an Ort und Stelle einen Wohnwagen zu kaufen. Allerdings besteht dann die Möglichkeit, daß man nicht El Cid, sondern Don Quixote wird und daß sich die hier heraufbeschworenen Gefahren der Zukunft als Windmühlen erweisen. Um zum Ausgangspunkt dieses Artikels zurückzukehren: Ist etwa Don Quixote nicht ein Prototyp des Intellektuellen?

Vom Gast zum Gastarbeiter

Einem «Gast», der in weiten Abständen und aus weiter Entfernung Europa besucht, fällt nicht nur die Institution des Gastarbeiters auf, sondern auch dieses seltsame Wort, das man in deutschsprachigen Ländern für die Institution geprägt hat. Selbstredend, sprachliche Vernebelungen und Beschönigungen sind überall an der Tagesordnung. Aber diese ist doch bezeichnend für unsere allgemeine Lage. Sie spielt auf den Begriff des «Gastes» an, also auf einen in allen primitiven Kulturen geheiligten, und auf den des «Arbeiters», also auf einen seit dem neunzehnten Jahrhundert gefeierten Begriff, um etwa beunruhigte Gewissen zur Ruhe kommen zu lassen. Vielleicht weist sie dabei auf eine grundlegende Entwicklung unserer Kultur vom Gast zum Gastarbeiter.

Der Gast ist konstante Gestalt aller Mythen, und Gastfreundschaft Teil aller Riten. Das ist auch so zu erklären: Der Primitive lebt in wenig zahlreicher und relativ isolierter Gesellschaft (in Stämmen oder Dörfern). Die Mitglieder seiner Gesellschaft stehen ihm sehr nahe in einem Sinn, den die moderne Gesellschaft verwässert. (Das ist mit ein Grund unserer Schwierigkeit, den Begriff des «Nächsten» im biblischen Sinn zu verstehen.) Wenn, ein seltener Fall, in dieser Gesellschaft ein Fremder erscheint, dann erscheint er eben fremd, ungewöhnlich, überraschend, verdächtig, kurz «anders». Alle eben erwähnten Eigenschaften sind aber typische Eigenschaften der Gottheit. Die Gastfreundschaft ist Teil jenes Rituals, das versucht, die Gottheit, das «Andere», günstig zu stimmen. Darum erwähnt das biblische Gebot, das sich auf den Sabbat bezieht, ausdrücklich den Gast, darum heißt es bei vielen Völkern «ein Gast im Haus, Gott im Haus», darum opfert man dem Gast in manchen Kulturen nicht nur Salz und Brot, sondern die eigene Frau für eine Nacht, und darum kann man auch die Auflösung der Gastfreundschaft als ein Maß der Entmythisierung einer Gesellschaft verwenden. Wenn man zum Beispiel in Brasilien vom Norden in den Süden reist (also in Richtung «Entwicklung»), kann man beobachten, wie die Gastfreundschaft progressiv abnimmt. Die Formlosigkeit, mit der wir Gäste empfangen, beweist unseren Abstand vom mythischen Urgrund und die Formen, die wir trotzdem bewahren, beweisen die Zähigkeit der Riten.

Der Gastarbeiter ist Folge jenes seltsamen Umstands, daß es der industriellen Revolution zwar gelang, den Menschen in hochkomplizierten Manipulationen in Industrie und Landwirtschaft durch Maschinen zu ersetzen, daß es ihr aber nicht gelang, ihn ökonomisch in einfachen (und daher menschenunwürdigen) Manipulationen ebenso zu ersetzen. Ein Aspekt der Freiheit (der klassisch marxistische) ist das Befreien des Menschen dank der Maschine. Eine damit verbundene Sorge (etwa die Nietzsches) ist die, allgemeine Mechanisation könnte zu allgemeiner Unfreiheit führen. (Es ist übrigens nicht überraschend, daß die Neue Linke auf Nietzsche zurückgreift. Er kann für seinen Mißbrauch durch die Vorkriegs-Rechten ebensowenig verantwortlich gemacht werden wie Marx für seinen Mißbrauch durch den Stalinismus.) Der Gastarbeiter aber deutet auf ein Problem, das weder Marx noch Nietzsche sahen: eine durch Mechanisation befreite Gesellschaft, die menschliche Handlanger importiert, um primitive Manipulationen auszuführen.

Technisch kann selbstverständlich der Gastarbeiter nicht einem Sklaven gleichgesetzt werden (etwa in dem Sinn, in dem das Wort in Brasilien im vergangenen Jahrhundert angewandt wurde). Er geht einen Vertrag frei ein, der Vertrag wird vom Gastfreund gehalten, und nach Ablauf des Vertrages ist er frei, mit seinen Ersparnissen heimzukehren. Allerdings ist dazu einiges zu sagen. Erstens gibt der Vertrag dem Gast kein genaues Bild von der Gastfreundschaft, die ihn erwartet. Zwar verbürgt er einen Lohn, der das Vielfache von dem ist, was das eigene Heimatland bietet. Aber er verschweigt, daß die Wohnverhältnisse, durch Vorurteile begrenzt und durch Spekulation hochgetrieben, einen großen Teil dieses Lohnes verschlingen. Daß die Lebenskosten des Gastlands ein Vielfaches dessen sind, was sich der Gast vorstellt. Daß das Gastland, trotz Gastfreundschaft, in blinder Gerechtigkeit einen weiteren Teil des Lohns in Form von Steuern abschöpft und daß man diese Steuern nicht wie zu Hause umgehen kann. Und daß, selbst wenn unter Aufopferung von einigen Lebensjahren doch etwas erspart wird, diese Ersparnis auf Kosten einer Entfremdung des Zurückgekehrten in der Heimat erkauft ist. So ein unvollkommener Vertrag wird in anderen Kontexten (zum Beispiel bei Beschaffung europäischer Prostituierter für brasilianische Bordelle am Anfang dieses Jahrhunderts) «weiße Sklaverei» genannt, und damit ist das Wort «Sklaverei» vielleicht doch auch in diesem Falle berechtigt.

Zweitens ist dazu zu sagen, daß der Gastarbeiter ein seltsamer Fall von Gast ist, also «anders» in einem seltsamen Sinn dieses Wortes. Sein bloßes Dasein im gastfreundlichen Land, sein Aussehen, seine von der Umgebung abstechende Armseligkeit, seine eine fremde Kultur bekundenden Gesten und Taten, drohen das wohlgefügte aber immer bedrohte Gewebe der ihn umgebenden Gesellschaft zu zerreißen. Darum wird er selbstverständlicher Blitzableiter etwa verdrängter Aggressionen (die sich dabei ja oft auf objektive Tatsachen stützen können), und dies wird durch die zahlreichen Bemühungen Wohlmeinender um ein «menschenwürdiges» Verhältnis zu ihm unterstrichen.

So gesehen, ist die Entwicklung vom Gast zum Gastarbeiter ein Aspekt der Entwicklung der zwischenmenschlichen Beziehungen in jener Kultur, die die «westliche» genannt wird. Der Gast ist eine Hierophanie, eine Erscheinung der Gottheit, der «andere» des Menschen. Der Sklave, der sich neben anderen Formen daraus entwickelt, ist die Verwandlung des Gastes zum Ding, dessen Inhaber ich bin, dessen ich mich bedienen kann, der aber, wie jeder Besitz, einen Wert hat, für den es zu sorgen gilt. Und der Gastarbeiter ist die Verwandlung des Gastes zum Werkzeug, dessen ich mich zeitweise bediene und dessen Werk, dank seiner

Vergänglichkeit, so gering ist, daß für eine weitreichende Sorge kein Platz ist.

So gesehen, kann das Problem des Gastarbeiters nicht durch Maßnahmen «ad hoc», sondern nur durch radikale Umgestaltung der zwischenmenschlichen Beziehungen einer Lösung nähergebracht werden. Denn eins scheint ja sicher zu sein: der Reichtum Westeuropas (diese einmalige Erscheinung unserer Geschichte) ist vom hier angeschnittenen Problem irgendwie in Frage gestellt, und zwar nicht nur wirtschaftlich (das wäre sicher zu lösen), sondern auch moralisch. Und die Art, wie diese moralische Seite des Problems gelöst wird, ist zukunftsträchtig.

Nomadische Uberlegungen

Allerorten beginnt man, sich über Nomaden den Kopf zu zerbrechen. Die äußere Erklärung dafür mag sein, daß sich die Leute wie ein Ameisenhaufen benehmen, der von einem transzendenten Fuß aufgeschreckt wurde. Allerdings ist ein solches kopfloses Hin- und Herrennen nicht genau das, was wir mit Nomadismus meinen. Zwar wimmeln die Leute nach verschiedenen Rhythmen, die einander überlagern (etwa täglich in Großstädten, jährlich auf Stränden und Skipisten, und lebenslänglich als Flüchtlinge und/oder Gastarbeiter), und der große Rhythmus erinnert an asiatische Steppen und afrikanische Wüsten durchstreifende Nomadenzüge. Aber selbst dieser lebenslängliche Wanderrhythmus etwa vom unterentwickelten Süden in Richtung Schlaraffenland entspricht nicht dem nomadischen Dasein, wie wir es bei Mongolen, Beduinen oder Zigeunern zu erkennen glauben. Daher ist die äußere Erklärung für das aufkommende Interesse am Nomadischen wahrscheinlich nicht treffend. Nicht weil es so viele Autos, Flüchtlinge und Gastarbeiter auf der Welt gibt und nicht weil wir selbst wie die Flöhe auf der Erdoberfläche herumspringen, sondern weil etwas tiefer Liegendes auftaucht, beginnen wir nomadische Überlegungen anzustellen.

Wir sind von der Schule her gewohnt, die Zeitspanne der menschlichen Gegenwart hienieden in Epochen einzuteilen. Es wird etwa von einer Stein-, Kupfer-, Bronze-, Eisen- und vielleicht einer Jetztzeit gesprochen. Diese Aufteilung ist aus mindestens zwei Gründen geradezu faszinierend. Der eine ist, daß das Kriterium der Aufteilung das Material gibt, aus welchem Werkzeuge (Kultur) hergestellt werden. Das ist ein greifbares, konkretes Kriterium, kein schwammiges, wie die, die etwa zur Aufteilung der Neuzeit in Renaissance,

Barock usw. führen. Der andere Grund der Faszination ist die mehr als logarithmische Skala, nach welcher die Aufteilung geeicht ist. Die Steinzeit nimmt etwa zwei Millionen Jahre in Anspruch, die Eisenzeit höchstens fünftausend Jahre. Die Skala ist eben von hier aus nach dort hinten entworfen, und von hier aus gesehen ist das letzte Jahr ebenso lang wie die Milliarden von Jahren zwischen Big Bang und dem Ursprung des Lebens auf Erden. Was also an der Mittelschulaufteilung der menschlichen Zeitspanne fasziniert, ist ihre naive existentielle Konkretheit: eine Erfrischung im Vergleich zum akademischen Klassifizieren.

Es ist aber leider unmöglich, die Naivität der ersten Mittelschulklassen aufrechtzuerhalten. Daher muß die Klassifikation der Menschenzeitspanne kritisch betrachtet werden. Als erstes fällt dabei auf, daß der Begriff «Stein» nicht gut definiert ist. Sind etwa Kupfer, Bronze und Eisen nicht Gesteine? Also müßte man eigentlich beinahe die gesamte Zeitspanne «Steinzeit» nennen, mit Ausnahme etwa der letzten zwanzig bis dreißig Jahre. Aber das ist doch keine intelligente Aufteilung: zwei Millionen Jahre Steinzeit und zwanzig Jahre Immaterialzeit? Man muß das anders machen. Man muß die Steinzeit unterteilen. Und tatsächlich geschieht dies schon in Mittelschulen: in ältere, mittlere, jüngere Steinzeit. Nur sieht diese Unterteilung nach kritischer Überlegung jetzt etwa so aus: ältere Steinzeit bis zur Erfindung der Landwirtschaft, jüngere Steinzeit bis 1990. Und genau das erklärt das gegenwärtig auftauchende Interesse für Nomadismus.

Was eben gesagt wurde, ist empörend (schon weil es Vorurteile angreift) und muß gerechtfertigt werden. Hier der Versuch, dies zu tun –: Die vorgeschlagene Dreiteilung der Menschenzeit in ältere Steinzeit, jüngere Steinzeit und unmittelbare Zukunft geht davon aus, daß wir drei Katastrophen im Verlauf unseres Hierseins feststellen können. Die erste kann Menschwerdung heißen, und sie äußert sich (unter anderem und vor allem) als Benutzung von steinernen Instrumenten. Die zweite Katastrophe kann Entstehung der Zivilisation heißen und äußert sich vor allem als Leben in

Dörfern. Die dritte hat noch keinen treffenden Namen; sie äußert sich vor allem in der Tatsache, daß die Welt ungewöhnlich wird, also unbewohnbar. Nimmt man diese drei Katastrophen als zutreffend an (und sei es nur für die Dauer der Lektüre dieses Aufsatzes), dann ist folgende Erzählung der Menschheitsgeschichte möglich: Die Gattung Mensch in allen ihren Spielarten (Homo sapiens sapiens einbegriffen) ist eine nomadisierende, jagende und sammelnde Säugetiergattung, die sich von den übrigen Gattungen durch das Benutzen von Werkzeugen unterscheidet. Vor etwa zehntausend Jahren kam es zu einer ökologischen Katastrophe: Es wurde wärmer, und die Steppen verwandelten sich in Wälder. Statt als jagende und sammelnde Art auszusterben, wie sie es eigentlich sollte, verwandelte der Homo sapiens sapiens die Wälder in künstliche Steppen zurück, und statt zu jagen und zu sammeln, begann er Gras zu essen und grasfressende Tiere auf dem künstlichen Gras zu halten. Aus Jägern und Sammlern wurden Landwirte und Viehzüchter, und zu diesem Zweck wurden sie seßhaft. Gegenwärtig ist die Erdoberfläche (ob Wald oder Steppe) nur noch eine Art Unterlage für drei- und mehrdimensionale «immaterielle» Felder (zum Beispiel das elektromagnetische), und wir sind dabei, aus unserem Landwirt- und Viehzüchterstatus in eine neue, aber wiederum nomadisierende Lebensform zu wechseln. Für die vorgeschlagene Dreiteilung der Menschenzeit heißt das: Die jüngere Steinzeit ist eine zehntausend Jahre währende Unterbrechung des Nomadentums.

Das ist noch keine Rechtfertigung, denn die drei hier angenommenen Katastrophen (vor allem die dritte) sind ja Adhoc-Hypothesen. Und selbst angenommen, daß die hier sogenannte jüngere Steinzeit (also etwa 8000 v.Chr. bis 1990 n.Chr.) die Zeit der seßhaften Zivilisationen ist, was berechtigt uns, sie mit dem Jahr 1990 abschließen zu lassen? Woher nehmen wir die Überzeugung, die Zivilisation sei beendet (was noch radikaler ist als die Annahme einer einbrechenden *post-histoire*, einer Nachgeschichte)? Das gegenwärtig einsetzende Interesse für Nomadismus ist doch noch nicht Berechtigung genug, um derartig katastrophische Diagnosen und Prognosen zu stellen? Es ist klar: Wir befinden uns hier in einem viziosen Zirkel. Um das Interesse am Nomadismus zu rechtfertigen, teilen wir die menschliche Zeitspanne neu ein, und um diese Neueinteilung zu rechtfertigen, rufen wir dieses Interesse zum Zeugen. Aus diesem Zirkel muß ausgebrochen werden. Dies kann gelingen, wenn man die beiden hier vorgeschlagenen Daseinsformen, also Nomadentum und Seßhaftigkeit, zuerst phänomenologisch miteinander vergleicht und sie sodann in die Neueinteilung einbaut. Wenn diese Einfügung gelingt, wird sich zeigen, ob wir berechtigt sind, die Katastrophe des Unbewohnbarwerdens der Welt zu behaupten.

Seßhafte sitzen und Nomaden fahren. Das heißt zuerst einmal, daß man Seßhafte im Raum lokalisieren kann (sie haben Adressen), während Nomaden erst im Raum-Zeit-Kontinuum definiert werden können. Bei Seßhaften genügt es, Ecke 4th Av./52nd Street, NY anzugeben; bei Nomaden muß April, 10th 1990, 4 pm hinzugefügt werden. Unter dem Aspekt des Raums (also vom Standpunkt der Sitzenden aus) sind Nomanden vorübergehende, flüchtige Phänomene; unter dem Aspekt des Raum-Zeit-Kontinuums (also vom Standpunkt der Fahrenden aus) sind Seßhafte um eine der Daseinsdimensionen amputierte Krüppel. Man darf jedoch diesen Widerspruch nicht auf die Spitze treiben. Auch Seßhafte haben eine Zeitdimension, weil sie leben und daher sterben müssen. Auch sie sind flüchtige, vorübergehende Phänomene, oder (um es mittelalterlich zu sagen) *homines viatores* im Tränental des Diesseits. Darum muß auch den Adressen von Seßhaften ein Datum beigefügt werden (zum Beispiel bei den Römern, wer gerade Konsul ist, oder bei Jesus, er sei unter Pontius Pilatus gestorben). Andererseits müssen auch Nomaden gelegentlich lagern, weil ihre Körper schwer sind. Auch sie sind Krüppel und können nicht wie der Wind immerzu wehen. Daher läßt sich nicht nur Dschingis Khans Grab, sondern auch seine Jurte geographisch lokalisieren. Kurz, zwar sitzen Seßhafte und fahren Nomaden, aber beides ist provisorisch, beide sind Menschen.

Und doch: Wer sitzt, der lebt in einer dem Fahrenden

völlig fremden Stimmung. Um dies zu erfassen, ist es zwar einfach, aber zu billig, Etymologie zu Hilfe zu rufen. Es ist zwar richtig, daß der Sitzende be-sitzt, und der Fahrende erfährt, oder daß der Sitzende in der Gewohnheit wohnt und der Fahrende Gefahr läuft. Aber so richtig die Einsicht ist, die sich in den Wurzeln der Worte verbirgt, so erfordert das Phänomen doch, angesehen zu werden und nicht nur, zu Wort zu kommen. Schaut man sich nun das Phänomen des Sitzens an, so sieht man Häuser mit Ställen und Feldern. Man sieht ein Dorf, man sieht politisch. Das Phänomen des Fahrens jedoch ist nicht ebenso leicht anzusehen, weil Jäger ganz anders fahren als Hirten und Touristen. Obwohl also der Besitz um Hunderte von tausenden Jahren jünger ist als die Erfahrung, muß mit der Betrachtung des Sitzens begonnen werden: Besitz ist leichter als Erfahrung ersichtlich.

Das Dorf ist ein Häuserkreis um einen Dorfplatz, mit einem Hügel darüber und einem Fluß daneben. (So sieht zumindest das ideale Dorf, die perfekte Republik aus.) Es zeigt sich sofort, daß die Seßhaften nicht eigentlich auf dem Hintern sitzen, sondern daß sie verkehren, und zwar vorn mit hinten und hinten mit vorn. Sie pendeln nämlich zwischen Haus und Dorfplatz, klettern den Hügel hinauf und hinab und laufen zum Fluß hinunter, um mit gefüllten Eimern wieder hinaufzukriechen. Der eben geschilderte Verkehr und die ihn regelnde Polizei bilden das sogenannte «zivilisierte Leben», wobei zivilisiert eben dorfbewohnend bedeutet.

Zu dieser seßhaften Lebensform ist beinahe endlos viel gesagt worden, und es bliebe noch immer beinahe endlos vieles zu sagen, wäre sie nicht eben dabei, sich in Leerlauf aufzulösen. Denn die Grundfrage: «Wozu pendeln die Leute, anstatt zu sitzen?» oder eleganter gesagt: «Wozu engagieren sich die Leute politisch, anstatt ihren Garten zu kultivieren?» findet gegenwärtig eine definitive, wenn auch enttäuschende Antwort. Nämlich, weil man sich zu Hause bisher nicht informieren konnte. Leute, die Häuser bewohnen, ohne je durch die Türe zu gehen, waren bisher «Idioten» im ursprünglichen griechischen Sinne dieses Wortes: Privatleute, die von der Welt nichts wußten. Das hat sich dank der Informationsrevolution geändert: Informationen werden jetzt an Privathäuser verteilt, und gegenwärtig ist jener der Idiot, der durch die Tür ins Öffentliche schreitet. Es sieht so aus, als ob gegenwärtig das Pendeln zwecklos würde und als ob es erst jetzt tatsächlich möglich geworden wäre, sitzen zu bleiben.

Das ist jedoch ein Irrtum. Weil nämlich die Informationen, die ins Haus geliefert werden, durch materielle und/oder immaterielle Kanäle laufen, welche die Wände und Dächer der Häuser durchlöchern. Es zieht im Haus von allen Seiten, die Orkane der Medien sausen hindurch, und es ist unbewohnbar geworden. Das Ungewöhnlichste am unbewohnbar gewordenen Haus ist die Tatsache, daß man darin nichts be-sitzen kann, weil alles Mobile (Möbel, etwa Stühle) und alles Immobile (Grund und Boden) aufgewirbelt wird, wo eine Trennung zwischen privat und öffentlich keinen Sinn hat. Diese ungewöhnliche Unmöglichkeit, mitten im Sturm der Medien sitzen zu bleiben (zu besitzen), kann auf zwei noblere Formeln gebracht werden:

(1) Nicht mehr Besitz, sondern Information (nicht mehr Hardware, sondern Software) ist, was Macht ermöglicht, und (2) nicht mehr Ökonomie, sondern Kommunikation ist der Unterbau des Dorfes (der Gesellschaft). Beide Formeln besagen, jede auf ihre Art, daß die seßhafte Daseinsform, also das Haus, und a fortiori der Stall, das Feld, der Hügel und der Fluß nicht mehr funktionell sind. Daß wir zu nomadisieren beginnen. Also sind die Nomaden ins Auge zu fassen: Nomaden sind Leute, die hinter etwas herfahren, etwas verfolgen. Etwa zu sammelnde Pilze oder zu tötende Tiere oder zu melkende Schafe. Gleichgültig, welches das verfolgte Ziel ist, das Fahren ist keineswegs beendet, wenn es erreicht wurde. Alle Ziele sind Zwischenstationen, sie liegen neben dem Weg (griechisch *metodos*), und als Ganzes ist das Fahren eine ziellose Methode. Ganz anders als das Pendeln des Seßhaften zwischen privat und politisch ist das Fahren des Nomaden ein offenes Schweifen. Jedoch ist dieses ziellose offene Schweifen vielleicht ein perspektivischer, von Seßhaften begangener Irrtum. Wir Seßhaften haben die Pendelgesetze, aber nicht die Gesetze der Ausschweifung

berechnet. Etwa so, wie wir die Gesetze des freien Falls der Steine, aber nicht das Wehen des Windes berechnet haben. Mag sein, daß der nomadische Lebensweg durch Steppe und Wüste die gleiche Struktur hat wie die Wolke und der Wind, und das seßhafte Lebenspendeln die gleiche Struktur wie Sommer und Winter. Vielleicht leben Nomaden meteorologisch und wir astronomisch. Oder um es aktueller zu sagen: Der seßhafte Lebensrhythmus kann in hergebrachten, der nomadische muß in fraktalen Algorithmen ausgedrückt werden.

Jedenfalls ist für Nomaden der Wind, was für Seßhafte der Grund ist. Für uns Seßhafte ist am Wind ungemütlich, daß er zwar wahrgenommen, gehört, erfahren, aber nicht gefaßt werden kann, daß er unbegreiflich ist. Dieses zugleich konkret Erlebbare und Unfaßbare am Wind verleiht ihm jene Stimmung, die wir das «Heilige» nennen. Es ist etwas Gespenstisches, Geistiges daran, und es hat mit Atmen und Sprechen, diesen beiden Winden des Geistes, eine enge Verbindung. Früher gab man diesem grundlosen, bodenlos-unfaßbaren Erlebnis Namen wie *ruach*, *pneuma* oder *spiritus*, heute wird von immaterieller Kultur und Software gesprochen. Früher galt als bezeichnend für den Wind, daß er eine rufende Stimme sei, ein Beruf, eine Berufung, heute gehört zu seiner Charakteristik, daß er den faßbaren, besitzbaren Grund in Körner zerreibt (kalkuliert), diese zerstreut (dispersiert), um sie dann zu Dünen zu häufen (zu komputieren). Der Wind, dieses gespenstige Unfaßbare, der die Nomanden vorantreibt und dessen Ruf sie gehorchen, ist eine Erfahrung, die für uns als Kalkül und Komputation darstellbar wurde. Wir beginnen zu nomadisieren nicht nur, weil der Wind durch unsere zerlöcherten Häuser braust, sondern vor allem auch, weil er in uns hineinfährt.

Die meteorologische, «selbstähnliche», fraktale Tatsache, daß der Wind zerkörnert, zerstreut und dann wieder häuft, ist keine erst post-historische Entdeckung. Schon das junge Christentum spricht zum Beispiel von einem *logos spermatikos*, einem «samenstreuenden Wort», und die jüdische Mystik von der *galuth leschechinah*, der «Zerstreuung des Geistes». Aber erst gegenwärtig wird die Streuung des

Geistes (Diaspora) zum Zentralbegriff des ontologischen und des anthropologischen Denkens. Die Welt erscheint uns als Streuung von Körnern, die vom Wind der Entropie immer gleichmäßiger gestreut werden, aus denen sich zufällig Dünen bilden können, und der Mensch erscheint uns als jener Wind, der absichtlich zerstreute Körner rafft, um unwahrscheinliche Klumpen (Kultur) herzustellen. Der Wind hat sich nicht nur um uns herum orkanartig erhoben und unsere Dörfer hinweggefegt, er hat sich auch gewaltig in uns selbst erhoben, so sehr, daß wir ihn als das Prinzip der Welt und unseres Lebens erfahren. Die Welt um uns herum ist zu einer unbewohnbaren Wüste geworden, in welcher der Wind des Zufalls notwendigerweise Dünen häuft. Wir selbst wollen diesen Zufall, und wir häufen Dünen, um uns selbst dabei zu raffen. Wir sind Nomaden geworden.

Diese beiden phänomenologischen Anschauungen von Seßhaftigkeit und Nomadentum, Sitzen und Fahren, Besitz und Erfahrung, Gewohnheit und Gefahr, sollen nun in die Dreiteilung der Menschheitsspanne in ältere Steinzeit, jüngere Steinzeit und unmittelbare Zukunft eingebaut werden. Für die ältere Steinzeit bietet dies keine Schwierigkeit. Im Paläolithikum waren die Leute, vom *homo erectus* und *habilis* bis zu Lascaux und darüber hinaus, typische Nomaden. Sie zogen von Teilziel zu Teilziel wie das Wetter durch die Gegend, besaßen nichts, lebten weder privat noch politisch, sondern erlebten. Ihr Leben war Erfahrung. Aber bei der jüngeren Steinzeit tauchen Probleme auf. Im Neolithikum haben nicht alle Leute geduldig gesessen, um die Reife der zu sammelnden Körner abzuwarten, sondern einige sind Schafen, Ziegen und Kamelen auf Pferden nachgezogen. Nicht alle Leute nämlich brannten die Wälder nieder, um künstliches Gras herzustellen. Einige liefen an den Waldrand in die noch übriggebliebene Steppe. Und diese Spaltung der Menschheit in Seßhafte und Nomaden ist durch Bronze und Eisen keinesfalls aufgehoben worden. Im Gegenteil, sie verschärfte sich noch. Es stimmt also nicht, daß die jüngere Steinzeit seßhaft war: Sie war Dialektik zwischen Sitzen und Fahren. Dem muß nachgegangen werden.

Wenn jemand die Erdkugel vom Mond aus ansähe, und wenn er dies zur Zeit der jüngeren Steinzeit täte, dann erblickte er zwei und nur zwei Menschenwerke: nämlich den römischen Limes und die Chinesische Mauer. Das sind Einrichtungen zum Schutz der Seßhaften gegen Nomaden. Sie sind miteinander synchronisiert, obwohl beide Architekten nichts voneinander wußten. Europa ist zum Zentrum der Welt geworden, weil die Chinesische Mauer besser gebaut war als der Limes: Der Westen wurde vom nomadischen *logos spermatikos* besser befruchtet als der Osten. Die dritte der drei Zivilisationen, Indien, hatte zu ihrem Leidwesen keine Mauer nötig: Sie hatte den Himalaya.

Warum wollen Nomaden in Zivilisationen einbrechen; warum konnten die Zivilisationen die Nomaden nicht zivilisieren? Weil Nomaden absurderweise besitzen wollen, ohne sitzen zu bleiben; weil Zivilisierte, sobald sie ins Nomadische vordringen (sei es als Legionen, Missionare oder Forscher), vom Wind besessen werden. Darum konnte die Dialektik «Sitzen–Fahren» nie zu einer Synthese aufgehoben werden: Wer besitzt, erfährt nichts, und wer erfährt, besitzt nichts.

Die jüngere Steinzeit (8 000 v. Chr. bis heute) spielte sich quantitativ vorwiegend sitzend ab: zuerst an schlammigen Flußufern, später in immer höher werdenden Zementtürmen, zwischen denen oft Blechhütten lagen. Doch hat die nomadische Minderheit immer den Ton angegeben. Nicht als mehr oder weniger goldene Horden, die im Herzland der Menschheit (in Zentralsasien) und an ihrer Peripherie (in den Wüsten) bedrohliche Reiche errichteten und die Mehrheit dazu zwangen, sich auf sich selbst zu besinnen; sondern vor allem als Wirbelwinde, die aus dem Alten Testament, dem Koran und weniger deutlich aus den orphischen und schamanischen Mysterien Geist der Mehrheit einflößten. Mit diesen Reichen und mit diesem Geist ist es nun wohl zu Ende. Die Belagerung Wiens durch die Türken und die raunenden Stimmen der Wüste an den amerikanischen Universitäten sind wohl als Nachklänge anzusehen. Die Erklärung für dieses Abflauen der jungsteinzeitlichen Dialektik zwischen Besitz und Erfahrung dürfte sein, daß es zu windig wird, um irgend etwas besitzen zu können. Wo nichts ist (wo alles zu Partikeln durchkalkuliert ist), dort hat der Kaiser, sei er Imperator oder Khan, sein Recht verloren. Die'jüngere Steinzeit ist beendet, weil wir zu nomadisieren beginnen. Und damit sind die beiden phänomenologischen Anschauungen in die Dreiteilung eingebaut, die sich damit als berechtigt erwiesen hat.

Wie dürfen also von einer gegenwärtig einbrechenden Katastrophe sprechen, welche die Welt unbewohnbar macht, uns aus der Wohnung herausreißt und in Gefahren stürzt. Dasselbe läßt sich jedoch optimistischer sagen. Wir haben zehntausend Jahre lang gesessen, vielleicht als Strafe für eine Sünde, die wir beim Übergang aus dem Paläolithikum ins Neolithikum begangen haben. Das Paläolithikum mit seinen unzähligen leicht erjagbaren Grasfressern und seinen üppigen Beeren und Pilzen war das Paradies und die Erbsünde bestand vielleicht darin, daß wir uns hingesetzt haben. Aber jetzt haben wir die Strafe abgesessen und werden ins Freie entlassen. Das ist die Katastrophe: daß wir jetzt frei sein müssen. Und das ist auch die Erklärung für das aufkommende Interesse am Nomadentum.

Häuser bauen

Wir sind wohnende Tiere (sei es in Nestern, Höhlen, Zelten, Häusern, übereinandergeschichteten Würfeln, Wohnwagen oder unter Brücken). Denn ohne einen gewöhnlichen Ort könnten wir nichts erfahren. Um dies einzusehen, ist es nicht nötig, Informationstheorie gelernt zu haben. Es genügt, Tourismus zu machen. Erfahrungen sind Geräusche, die erst im Gewöhnlichen Bedeutung gewinnen (dort zu Information verarbeitet werden). Unbehauste Touristen kann es nicht geben: Sie würden im Chaos irren, gar nichts erfahren. Im Mittelalter allerdings hielt man uns für derartige unbehauste Touristen: Homines viatores, im Jammertal herumirrende Chaoten. Maimonides hat bekanntlich einen «Führer für Verirrte» geschrieben. Gegenwärtig verfügen wir statt dessen über Michelins, finden aber trotzdem oft nicht nach Hause.

Es häufen sich Anzeichen für ein neues Unbehaustsein. Wahrscheinlich, weil unsere Häuser der Aufgabe nicht mehr gerecht werden, Geräusche zu Erfahrungen zu prozessieren. Wahrscheinlich haben wir die Häuser umzubauen. Häuser bestehen aus einem Dach, aus Mauern mit Fenstern und Türen, und aus nicht ganz ebenso wichtigen anderen Teilen. Das Dach ist das Entscheidende: «unbehaust» und «obdachlos» sind Synonyme. Dächer sind Werkzeuge für Untertanen: Man kann sich unter ihnen vor dem Herrn (sei er ein Gott oder die Natur) ducken und verstecken. Das deutsche «Dach» kommt aus dem gleichen Stamm wie das griechische *techne:* Dachdecker sind die eigentlichen Künstler. Sie ziehen die Grenze zwischen dem Hoheitsbereich der Gesetze und dem Privatraum des untertänigen Subjektes. Unter Dach gelten die Gesetze nur mit Reserven. Schon Baumkronen dienten den Hominiden als

Dach ihrer Nester. Wir glauben nicht mehr an uns aufgesetzte Gesetze, seien sie transzendent oder natürlich. Wir glauben eher, daß wir selbst die Gesetze projizieren. Wir brauchen keine Dächer.

Mauern sind Verteidigungsanlagen gegen außen, nicht gegen oben. Das Wort kommt von *munire* = sich schützen. Es sind Munitionen. Sie haben zwei Wände: Die Außenwand wendet sich gegen gefährliche (draußen fahrende) Ausländer, potentielle Immigranten, die Innenwand wendet sich an die Häftlinge des Hauses, um für ihre Sicherheit zu haften. Bei obdachlosen Mauern (etwa in Berlin oder China) wird diese Funktion deutlich: Die Außenwand ist politisch, die Innenwand heimlich, und die Mauer hat das Geheimnis vor dem Unheimlichen zu schützen. Wem Heimlichtuerei zuwider ist, muß Mauern niederreißen.

Aber selbst Geheimniskrämer und Patrioten müssen Löcher in Mauern reißen, Fenster und Türen. Um schauen und ausgehen zu können. Bevor das Wort «Schau» zum Synonym von «Show» wurde (das ja eigentlich «zeigen» bedeutet), meinte es jenen inneren Blick nach außen, wofür das Fenster das Instrument ist. Man sah von innen, ohne dabei naß zu werden. Die Griechen nannten das *theoria*. Gefahrloses und erfahrungsloses Erkennen. Jetzt allerdings wird es möglich, Instrumente aus dem Fenster nach außen zu strecken, also gefahrlose Erfahrung zu gewinnen. Die erkenntnistheoretische Frage lautet: Sind Experimente impertinent, weil sie vom Fenster aus (von der Theorie her) durchgeführt werden? Oder muß man durch die Tür, um zu erfahren («phänomenologisch»)? Fenster sind keine verläßlichen Instrumente mehr.

Türen sind Mauerlöcher zum Ein- und Ausgehen. Man geht aus, um die Welt zu erfahren, und verliert sich dort drinnen, und man kehrt heim, um sich wiederzufinden, und verliert dabei die Welt, die man erobern wollte. Dieses Türpendeln nennt Hegel das «unglückliche Bewußtsein». Außerdem kann geschehen, daß man bei der Heimkehr die Tür verschlossen findet. Zwar hat man einen Schlüsselbund in der

Tasche (man kann den Geheimcode entschlüsseln), aber der Geheimcode kann in der Zwischenzeit umkodiert worden sein. Heimtücke ist für Heim und Heimat charakteristisch. Dann bleibt man obdachlos im Regen unter der Traufe. Türen sind weder glückliche noch verläßliche Instrumente.

Außerdem ist gegen Fenster und Türen noch das Folgende einzuwenden: Man kann von außen in die Fenster hineinschauen und klettern, und die Öffentlichkeit kann durch die Tür ins Privathaus einbrechen. Man kann allerdings die Fenster dank Gittern vor Spionen und Dieben, und die Tür dank Fallbrücken vor der Polizei schützen, aber dann lebt man zwischen vier Wänden in Angst und Enge. Derartige Architekturen haben keine blühende Zukunft.

Dach, Mauer, Fenster und Tür sind in der Gegenwart nicht mehr operationell, und das erklärt, warum wir beginnen, uns unbehaust zu fühlen. Da wir nicht mehr gut zu Zelten und Höhlen zurückkehren können (wenn einige dies auch versuchen), müssen wir wohl oder übel neuartige Häuser entwerfen.

Tatsächlich haben wir damit bereits begonnen. Das heile Haus mit Dach, Mauer, Fenster und Tür gibt es nur noch in Märchenbüchern. Materielle und immaterielle Kabel haben es wie einen Emmentaler durchlöchert: auf dem Dach die Antenne, durch die Mauer der Telefondraht, statt Fenster das Fernsehen, und statt Tür die Garage mit dem Auto. Das heile Haus wurde zur Ruine, durch deren Risse der Wind der Kommunikation bläst. Das ist ein schäbiges Flickwerk. Eine neue Architektur ist vonnöten.

Architekten haben nicht mehr geographisch, sondern topologisch zu denken. Das Haus nicht mehr als künstliche Höhle, sondern als Krümmung des Feldes der zwischenmenschlichen Relationen. So ein Umdenken ist nicht einfach. Schon das geographische Umdenken aus ebener Fläche in Kugeloberfläche war eine Leistung. Aber das topologische Denken wird dank synthetischer Bilder von Gleichungen erleichtert. Dort sieht man etwa die Erde nicht mehr als geographischen Ort im Sonnensystem, sondern als Krümmung im Gravitationsfeld der Sonne. So hat das neue

Haus auszusehen: wie eine Krümmung im zwischenmenschlichen Feld, wohin Beziehungen «angezogen» werden. So ein attraktives Haus hätte diese Beziehungen einzusammeln, sie zu Informationen zu prozessieren, diese zu lagern und weiterzugeben. Ein schöpferisches Haus als Knoten des zwischenmenschlichen Netzes.

Ein solcher Hausbau aus Verkabelungen ist voller Gefahren. Die Kabel können nämlich statt zu Netzen zu Bündeln geschaltet werden, «faschistisch» statt «dialogisch». Wie Fernsehen, nicht wie Telefone. In so einem entsetzlichen Fall wären die Häuser Stützen für einen unvorstellbaren Totalitarismus. Die Architekten haben für eine Vernetzung von reversiblen Kabeln zu sorgen. Das ist eine technische Aufgabe, und die Architekten sind ihr gewachsen.

Allerdings wäre so ein Häuserbau eine technische Revolution, die weit über die Kompetenz der Architektur hinausginge. (Das ist übrigens der Fall bei allen technischen Revolutionen.) Eine derart dach- und mauerlose Architektur, die weltweit offenstünde (also nur aus reversiblen Fenstern und Türen bestünde), würde das Dasein verändern. Die Leute könnten sich nirgends mehr ducken, sie hätten weder Boden noch Rückhalt. Es bliebe ihnen nichts übrig, als einander die Hände zu reichen. Sie wären keine Subjekte mehr, es gäbe über ihnen keinen Herrn mehr, vor dem sich zu verstecken, aber auch in dem sich zu bergen wäre. (Schiller irrt, wenn er meint, daß über Millionen von Brüdern ein guter Vater «wohnen» müsse.) Und es gäbe keine Natur mehr, die sie bedroht und die sie beherrschen wollen. Dafür aber würden diese einander offenen Häuser einen bisher unvorstellbaren Reichtum an Projekten erzeugen: Es wären netzartig geschaltete Projektoren für allen Menschen gemeinsame alternative Welten.

So ein Häuserbau wäre ein gefährliches Abenteuer. Weniger gefährlich jedoch als das Verharren in den gegenwärtigen Häuserruinen. Das Erdbeben, dessen Zeugen wir sind, zwingt uns, das Abenteuer zu wagen. Sollte es gelingen (und das ist nicht ausgeschlossen), dann würden wir wieder wohnen können. Geräusche in Informationen prozessieren können, etwas erfahren können. Sollten wir das Abenteuer nicht wagen, dann sind wir für alle ersichtliche Zukunft verurteilt, zwischen vier durchlöcherten Wänden unter einem durchlöcherten Dach vor Fernsehschirmen zu hocken oder im Auto erfahrungslos durch die Gegend zu irren.

«Wie schön sind deine Zelte, Jakob»

Unser Treffen in Graz* steht im Zeichen der Frage, ob wir dabei sind, obdachlos zu werden. Die Antwort hängt davon ab, wie wir den Begriff «Dach» definieren. Als bisher behauste Leute neigen wir zur Ansicht, ein Dach sei eine auf Wände aufgesetzte Sache. Und wenn wir von Wänden sprechen, dann meinen wir Mauern, denn wir können uns nur schwer vorstellen, daß ein Dach etwa auf Leinwände aufgesetzt werden sollte. Unter solchen einschränkenden Definitionen von «Dach» und «Wand» ist tatsächlich damit zu rechnen, daß wir der Obdachlosigkeit entgegengehen, denn Mauern werden eingerissen. Man reißt sie ab, weil sie den Verkehr stören, dem Kommen und Gehen von Personen, Gütern und Informationen im Weg stehen. Wenn das Dach auf Mauern sitzt, dann blüht ihm keine Zukunft. Aber solch eine Einschränkung der Bedeutung von «Dach» ist selbst eine Folge der einschränkenden Mauern. Wenn einmal die Mauern gefallen sind, werden wir bei «Dach» und bei «Wand» eher an Leinwand denken. In so einem erweiterten Sinn ist von einer künftigen Obdachlosigkeit keine Rede. Nur wird dieser erweiterte Sinn ein Umdenken seitens der Architekten erfordern: Sie werden an Zelte mehr als an Häuser zu denken haben.

Dieser Beitrag wird ebenfalls versuchen, Zelte zu bedenken, aber nicht von einem vorwiegend architektonischen Standpunkt. Dafür fehlt dem Vortragenden die Kompetenz, aber er hofft dennoch, den umdenkenden Architekten einigen Stoff zu liefern. Er wird nämlich versuchen, das Zelt vorurteilslos (wie man so sagt: «phänomenologisch») zu betrachten, um das Wesentliche daran zu Worte kommen zu

*Vortrag zum Thema «Mobile Halle» im Rahmen des Steirischen Herbstes 1990.

lassen. Die Schwierigkeit dabei ist, daß wir mit Zelten im Vergleich zu Häusern so wenig Erfahrung haben. Man würde meinen, das sei keine Schwierigkeit, sondern ein Vorteil. Wir verbringen vorläufig noch die meiste Zeit unseres Lebens in Häusern, haben daher zu ihnen keinen Abstand, sie sind für uns durch Gewohnheit verdeckt, und jeder von uns hegt eine ganze Reihe von Vorurteilen in bezug auf Häuser. Das ist das Problem der Architekten: daß sie es mit so vertrauten, gewöhnlichen und vorgefaßten Sachen zu tun haben, so daß sie das Wesentliche am Haus überhaupt erst zu Tage fördern müssen. Bei Zelten scheint der Zugang zum Wesentlichen offener zu stehen als bei Häusern, und Architekten scheinen Zelte schöpferischer angehen zu können. Das ist jedoch ein Irrtum. Gerade weil wir so relativ wenig Erfahrung mit Zelten haben, sind sie für uns von ideologischen Nebeln umhüllt, zum Beispiel nur von der romantischen Vorstellung vom Pfadfinderzelten. Die Aufgabe hier wird sein, solche Vorurteile auszuklammern, ohne dabei auf ihre Konnotationen (vor allem die biblischen) deshalb zu verzichten.

Das Wesentliche am Zelt ist, daß man es aufschlägt, sich darunter verbirgt, um es dann wieder zu falten. Wer würde bei so einer Formulierung der Zelt-Essenz nicht sofort an Schirme denken? Und tatsächlich ist der Schirm jene Form des Zelts, mit der wir die konkreteste Erfahrung haben. Nur dürfen wir dabei nicht nur an Regen- und Sonnenschirme, sondern auch etwa an Fallschirme und sogar Fernsehschirme denken, wenn wir dem Wesentlichen am Zelt gerecht werden wollen. Wie immer: Was sofort auffällt, ist die Tatsache, daß die Architekten das Zelt vernachlässigt haben. Es gibt zwar eine Menge dummer Gegenstände um uns herum, aber Schirme gehören zu den dümmsten. Regenschirme zum Beispiel sind relativ komplizierte Vorrichtungen, funktionieren gerade dann nicht, wenn sie dies sollten (zum Beispiel im Wind), sie schützen nur dürftig, sind unbequem zu transportieren, und für die Augen unbeschirmter Nebenmenschen sind sie gemeingefährlich – ganz abgesehen davon, daß Schirme vergessen und verwechselt werden. Zwar gibt es Schirm-Moden, aber eigentlich keinen technischen

Fortschritt seit den alten Agyptern, und wenn man sagt: «Der Ewige ist mein Schirm», so ist dies als Gotteslästerung zu deuten.

Wenn man zusieht, mit welcher Geschwindigkeit und Bequemlichkeit riesige Zirkuszelte aufgeschlagen und wieder zusammengefaltet werden, dann könnte man meinen, es sei gar nicht so schlecht bestellt um die Schirme: Es ist nicht ihre Schuld, daß sich die Leute nicht auf sie verstehen, und sie werden es lernen, sobald sie zu zelten beginnen werden. Aber wenn man Fallschirme bedenkt, dann kommt man wieder zurück zur ursprünglichen Überzeugung der Dummheit von Schirmen. Da springt man aus dem fliegenden Flugzeug, und der Wind entfaltet automatisch den Schirm. Aber wenn man unten angekommen ist, dann hat man die größten Schwierigkeiten beim Falten des Schirms. Daran erkennt man, was so empörend dumm an Schirmen ist, und überhaupt an Zelten (falls der Schirm die Zelt-Essenz ist): daß die Architekten (und überhaupt die Zelt-Designer) seit dem alten Ägypten noch nicht darauf gekommen sind, daß sie es mit dem Wind zu tun haben, und nicht mit der Schwerkraft. Daß die Gefahr bei Schirmen und Zelten nicht ihr Zusammenbruch ist, sondern vom Wind auf und davon gefegt zu werden. Das wird sich ändern. Man wird «immaterieller» denken lernen, sobald die Mauern eingerissen sein werden.

Versuchen wir also noch einmal, das Wesentliche am Zelt zu Worte kommen zu lassen: Es ist ein schirmartiger Unterschlupf, den man im Wind aufschlägt, gegen den Wind benützt, um ihn dann im Wind wieder zu falten. Wer würde bei so einer Formulierung der Zelt-Essenz nicht an Segel denken? Und tatsächlich ist ja das Segel jene Form des Zelts, bei welcher der Wind erst richtig in den Griff kommt. Das Zelt als Schirm versucht, sich gegen den Wind zu stemmen, aber das Zelt als Segel versucht, die Kraft des Windes auszubeuten. So dumm der Schirm, so klug das Segel: Ein richtig gebautes Segelschiff kann beinahe gegen den Wind fahren und ist nur bei Windstille ohnmächtig, und ein Segelflugzeug kann den Wind nicht nur horizontal, sondern auch vertikal manipulieren. Also werden die künftigen Architekten bei ihren Wohnentwürfen nicht nur an Regenschirme, sondern auch an Drachen zu denken haben, so wie sie Kinder im Wind tanzen lassen.

Das Aufknacken des Wesentlichen am Zelt läßt Fallschirme und Segelflugzeuge als zwei unter zahlreichen Varianten des Zelt-Themas erscheinen, weil es im Zelt eine Leinwand sieht, die sich im Wind bläht. Die Leinwand als Gegenstück zur Mauerwand, das Blähen im Wind als Gegenstück zum Brechen des Windes – das ist nicht der schlechteste Ausgangspunkt zur Analyse der über uns hereinbrechenden kulturellen Wende. Bevor man jedoch auf das Wandproblem eingeht, muß man den Wind bedenken und kommt damit in uralte Gefilde. Nämlich dazu, daß man den Wind zwar hört (oft tost er ohrenbetäubend), daß man ihn fühlt (er kann einen umwerfen), aber daß man ihn selbst nicht sehen kann, sondern nur seine oft verheerenden Folgen. Das eben Gesagte gilt für Geister, für Gespenster, für die Götter und für Gott den Herrn. Das sind lauter Worte, die aus der Winderfahrung kommen, und dies ist den hebräischen, griechischen und lateinischen Bezeichnungen für Wind (und überhaupt für Luftbewegung) anzusehen. Sie lauten *ruach*, *pneuma* und *spiritus* und werden in der Tradition auch als Namen für den Heiligen Geist verwendet. Sobald man von Mauerwänden zu Leinwänden schreitet, scheint das Reich des Heiligen Geistes anbrechen oder (um weniger theologisch zu sprechen) alles scheint immaterieller werden zu wollen.

Und nun zu den sich im Wind blähenden Wänden. Die Zeltwand, ob sie nun in den Erdboden gerammt ist wie beim Zirkus, über einen Stock gespannt wie beim Regenschirm, in der Luft schwebt wie beim Fallschirm und beim Drachen, auf Masten weht wie beim Segelschiff und bei der Fahne, ist eine Windwand. Die Mauerwand hingegen, sei sie wie immer geartet und mit noch so vielen Fenstern und Türen versehen, ist eine Felswand. Daher ist das Haus, wie die Felshöhle, von der es stammt, ein dunkles Geheimnis (ein «Heim»), und das Zelt, wie das Baumnest, dessen Nachkomme es ist, ein Ort des Versammelns und Auseinanderstrebens, eine Windstille. Im Haus wird besessen, es ist Besitz, und diesen Besitz definieren Mauern. Ins Zelt wird gefahren, es sammelt Erfahrung, und diese Erfahrung verzweigt und verästelt sich durch die Zeltwand. Daß die Zeltwand ein Netz ist, nämlich ein Gewebe, und daß auf diesem Netz Erfahrungen prozessiert werden, ist im Wort «Leinwand» enthalten. Es ist eine Textilie, die für Erfahrungen offen steht (sich dem Wind, dem Geist öffnet) und diese Erfahrungen speichert. Seit uralter Zeit speichert die Zeltwand in Form von Teppichen Bilder, seit der Erfindung von Ölfarben speichert sie gegen Mauerwände aufgestellte Bilder, seit der Erfindung des Films fängt sie entworfene Bilder auf, seit der Erfindung des Fernsehens dient sie als Schirm für elektromagnetisch entworfene Bilder, und seit der Erfindung von Computerplottern erlaubt die immateriell gewordene Zeltwand das Verzweigen und Verästeln von Bildern dank Prozessierung ihres Gewebes. Die sich im Wind blähende Zeltwand sammelt die Erfahrungen, prozessiert sie und sendet sie aus, und ihr ist zu verdanken, daß das Zelt ein kreatives Nest ist.

Das eben gebotene Bild des Zelts, als eines von Windwänden umhüllten Nests zum Sammeln, Prozessieren und Aussenden von Erfahrungen in sich verästelnde Kanäle ist zugleich archaisch und utopisch. Es ist archaisch, denn so mögen wohl die nestähnlichen Zelte in den Baumkronen gewirkt haben, in denen sich unsere vormenschlichen Ahnen vor Gefahren verbargen. Es ist utopisch, denn so etwa stellt man sich jene telematische Gesellschaft vor, bei welcher die materiellen und immateriellen Kabel sich zu zeltähnlichen Sammelpunkten verknoten werden. Aber gerade weil der hier versuchte Blick auf das Zelt Archaisches und Utopisches koppelt und das dazwischen stehende Zelt aus Leinwand, Fell und Lumpen zu übersehen scheint, gerade darum mag der hier versuchte Blick dem Architekten der heranbrechenden unbehausten Zukunft einige Perspektiven liefern.

Und doch kann dieser Beitrag nicht einfach an den zwischen Vormensch und Nachmensch stehenden Zelten vorbeigehen. Er wird daher zwei Zeltextreme erwähnen, nämlich die Jurte des Dschingis-Khan und die Zelte Jakobs.

Wenn Mauern eingerissen werden, um Zelten Platz zu gewähren, dann können sich die Architekten an zwei Modelle halten: an die mobile Halle des Dschingis-Khan oder an die Zelte Jakobs. Alles scheint darauf zu deuten, daß wir in Zukunft mobile Hallen haben werden. Aber die Hoffnung auf die Zelte Jakobs muß trotzdem nicht aufgegeben werden.

Die riesige Jurte des Herrn der Welt, dessen Machtbereich vom Baltischen bis zum Japanischen Meer und von der Arktis bis zum Indischen Ozean ausstrahlt, ist von langen und schmalen farbigen Fahnen umgeben. Diese im Winde sich schlängelnden Fahnen und die an ihnen angebrachten im Winde klingenden Glocken sind die eigentliche Zeltwand. Wenn sich dem Zelt des Herrn der Welt ein Fremder nähert, der die Steppe bereist, um seine Erfahrung dem Khan zu Füßen zu legen, dann sieht er schon eine Tagesreise lang das Wehen dieser Fahnen. Wir selbst kennen diese Fahnen nicht nur vom heutigen Turkestan her, sondern auch als Standarten der Nationalsozialisten. Es sind schamanistische Vorrichtungen, sie beschwören Geister, damit diese dem Willen des Herrschers dienen mögen. Die Winde wehen ums Zelt, damit dieses auf dem Wind reiten möge, damit es ein Luftschloß werde. Die Jurte des Dschingis-Khan ist ein Segelschiff, das auf den schäumenden Wellen des Windes emporsteigt, um den Himmel zu erobern. Und alle Geister, die guten wie die bösen, winden sich und wenden sich, um als wehende Streifenfahnen eine mobile Halle zu bilden.

Die unscheinbaren Zelte Jakobs scheinen sich im Gegenteil vor dem heißen Steppenwind zu ducken. Aber in Wirklichkeit ist dieses Ducken ein Horchen. Bileams Esel ruft bekanntlich aus: «Wie schön sind deine Zelte, Jakob», obwohl er eigentlich ursprünglich vorhatte zu schimpfen. Und fromme Juden wiederholen den Satz, wenn sie die Synagoge betreten. Wahrscheinlich hat man sich darüber von verschiedenen Seiten her im Talmud den Kopf zerbrochen. Aber hier soll nur gefragt werden, was der Esel mit «schön» gemeint hat. Das waren doch keine so prachtvollen Zelte wie etwa die Jurte des Dschingis? Sie waren doch nicht mit Teppichen belegt und bedeckt, mit gewaltigen Fahnen geschmückt, und sie ragten doch nicht wie Paläste über die Landschaft? Der Esel mußte etwas anderes meinen. Vielleicht die Erfahrung, die Zeltbewohner (also er selbst und Bileam und Jakob) mit Wüsten- und Steppenwind haben. Das Zelt soll Schutz gegen den Wind gewähren, und es bläht sich. Also muß es für den Zeltbewohner wie ein Verstärker der Windesstimme wirken. Der Zeltbewohner kann nicht umhin, die Stimme des Windes zu hören. Die Stimme ruft ihn. Aber er muß ihr nicht unbedingt gehorchen. «Höre Israel» bedeutet nicht unbedingt «folge». («Israel» ist der Ehrentitel Jakobs.) Folgt er ihr jedoch, dann wird der Ruf des Windes sein Beruf, seine Berufung. Er muß dann der ihn rufenden Stimme Rede und Antwort stehen, er muß dafür die Verantwortung tragen. Die Zelte Jakobs sind «schön», weil Jakob der Stimme des Windes folgt, weil er dafür Verantwortung übernimmt. Jakobs Zeltwand ist jenes Gewebe, dank welchem Unerhörtes erhört wird und durch welches hindurch die Antwort auf die Stimme geboten, die Verantwortung übernommen wird. Was der Steppenwind durch das Zelt hindurch spricht, und dadurch das Zelt zum Medium für Unerhörtes macht, darüber streiten die Theologen seit Tausenden von Jahren. Vielleicht sagt er tatsächlich nichts als «ich bin das, was ich bin» und ruft damit Jakob auf, das zu werden, was er sein soll. Aber was immer auch die durch das Zelt vermittelte Botschaft sein mag, sie ist die unserer Kultur zugrundeliegende Botschaft.

Er-fahrung

Alle Fortschrittsideologie geht von der Vorstellung aus, daß wir nach vorne laufen. Diese Vorstellung liegt nahe: Wir haben zwei nach vorne schauende Augen, und unsere beiden Füße weisen in die gleiche Richtung. Also sind wir Wesen, die in jene Richtung wollen, wohin unsere Nasenspitzen zeigen. Das kann auch eleganter ausgedrückt werden: Wir gehen dem Tod entgegen, und auf dem Weg dorthin stoßen wir gegen Hindernisse, die wir beseitigen, überspringen oder unterlaufen. Diesen Zusammenstoß zwischen uns und den Dingen nennen wir Er-fahrung. Aber wer etwas genauer hinsieht, erkennt, daß diese Vorstellung nicht stimmt und daß es mit dem Fortschritt irgendwie hapert. Wenn man unsere Schritte auf einer Unterlage festhalten würde, dann würden die dort hinterlassenen Fußspuren zeigen, daß wir nicht nach vorne laufen, sondern eher hin- und herpendeln. Daß wir unseren Lebensweg vor allem als ein Hinauslaufen durch die Tür und dann Zurücklaufen ins Haus ablegen. Das kann auch eleganter ausgedrückt werden: Wir gehen in die Welt hinaus, um sie zu erfahren, und verlieren uns in ihr, und dann kehren wir heim, um uns wiederzufinden, und verlieren dabei die Welt, die wir erfahren haben. Also laufen wir nicht der Nase nach, sondern ein und aus, und unser Lebensweg ist kein Fortschritt, sondern ein Gewimmel. Nicht der einsame Steppenwolf, der seiner Beute folgt, um sie zu er-fahren, ist unser Modell, sondern der Ameisenhaufen.

Wenn wir jedoch die Fortschrittsideologie aufgeben und statt dessen eine andere Vorstellung von unserem Lebenslauf unterhalten, dann gewinnt das Wort Er-fahrung eine andere und tiefere Bedeutung. Um dies zu tun, müssen wir einzusehen versuchen, daß wir nicht aus der Gegenwart in die Zukunft laufen. Das ist eine existentielle Unmöglichkeit, denn wo immer wir sind, dort ist die Gegenwart, und wir können nicht aus der Gegenwart hinaus, ohne uns selbst aufgegeben zu haben. Es ist im Gegenteil die Zukunft, die bei uns in unserer Gegenwart ankommt, und eben das meint ja das Wort «Zukunft». Wir sind immer hier und jetzt, und in dieses Hier und Jetzt dringt von allen Seiten die Zukunft. (Das ist eigentlich selbstverständlich, aber die Fortschrittsideologie mit ihrer wahnsinnigen Vorstellung von einer aus der Vergangenheit kommenden Zeit hat uns für diese Selbstverständlichkeit blind gemacht.) Unser Lebenslauf ist also nicht ein Laufen nach vorne, sondern ein Zeitlauf in unsere Richtung, und Erfahrung ist nicht, wogegen wir stoßen, sondern was uns zustößt. Nicht etwas Aktives, sondern etwas Passives, nicht eine Tat, sondern ein Leiden. Wir erfahren die Welt nicht, weil wir hineinfahren, sondern weil sie uns angeht. Darüber soll hier nachgedacht werden.

Trotz der ungeheuerlichen Komplexität des Zentralnervensystems beginnt die Neurophysiologie einen Einblick in den Erfahrungsprozeß zu gewinnen. Es sieht ungefähr so aus: Von allen Seiten strömen ununterbrochen punktförmige Elemente in Richtung unserer Nervenspitzen. Wenn diese Elemente eine gegebene Intensitätsschwelle überschreiten, werden sie als Reize wahrgenommen. Die Wahrnehmung ist digital kodiert: Es wird oder wird nicht wahrgenommen, und es gibt keine starken und schwachen Reize. Der empfangene Reiz wird im Nervensystem auf nicht völlig durchsichtige Methoden prozessiert, und so entstehen Vorstellungen, Empfindungen, Wünsche, Gedanken, kurz, so wird alles erfahren. Man kann, wenn man den Computer als Modell heranruft, von einer aus digitalen Codes generierten Komputation von Erfahrung sprechen. Oder, anders gesagt: Erfahrung ist, wie das Nervensystem hereinkommende Virtualitäten verwirklicht.

Der hier kurz skizzierte neurophysiologische Zugang zur Frage nach der Erfahrung ist mit einiger Hinterlist eingenommen worden. Er soll zeigen, daß Gedanke und Körper zwei Extrapolationen aus dem konkreten Prozeß der Erfahrung sind und daß sie nicht voneinander getrennt verstanden werden können. Man kann dies auch so ausdrücken: Die

Erfahrung ist eine konkrete Beziehung, eine jener Beziehungen, aus denen die Lebenswelt aufgebaut ist. Aus dieser konkreten Beziehung kann das Erfahrene einerseits und das Erfahrende andererseits extrapoliert werden, und aus dem Erfahrenden wieder kann Körper und Denken extrapoliert werden. An dieser etwas schwerfälligen (Husserls phänomenologischen Untersuchungen entnommenen) Formulierung ist hier entscheidend, daß es keine Körpererfahrung ohne eine gedankliche gibt, und keine gedankliche ohne Körpererfahrung. Aber es gibt noch einige weitere Aspekte dieser Formulierung, die hier bedacht werden müssen.

Angenommen, unser Zentralnervensystem würde wie ein Netz den ganzen Erdball umspannen. Es würde etwa eine Nervensphäre bilden, die wir uns als zwischen der Biosphäre und der Atmosphäre liegend vorstellen können. Das ist keine Science-fiction, die hier vorgeschlagen wird, sondern es ist das Modell der im Aufbau befindlichen telematischen Gesellschaft. Nur müssen wir uns so ein Netz als eine Vernetzung von menschlichen Nerven und materiellen und immateriellen Kabeln denken, und in den Verknotungen so eines Netzes müssen wir uns menschliche Gehirne und künstliche Intelligenzen denken. Eine derartige den Erdball umspannende Nervensphäre hätte die Funktion, alle von überall herkommenden und immerfort ankommenden Reize zu Erfahrungen zu komputieren und diese Erfahrungen dann in Entscheidungen und Handlungen zu transformieren. Die telematische Gesellschaft wäre, so gesehen, eine Vorrichtung zum Erfahren, eine globale Maschine zum Realisieren von Möglichkeiten. Unter solch einem Blickwinkel ist im Erfahrungsprozeß weder der Körper mobil (in diesem Fall wäre der Körper etwa der Erdball), noch sind es die Gedanken (in diesem Fall wären die Gedanken die durch die Fasern des Netzes übertragenen Informationen), sondern das Mobile am Erfahrungsprozeß wären einzig die herankommenden Virtualitäten. Das wollte gesagt sein, weil ja im Erfahrungsprozeß, den wir konkret erleben, nicht nur die Reize ankommen, sondern wir selbst uns ihnen zuwenden (etwa die Augen oder die Hände auf sie richten). Es geht hier darum, festzuhalten, daß Erfahrungen im Prinzip keinerlei Körper- oder Gedankenbewegungen erfordern. Wir erfahren, selbst wenn wir uns in völliger Ruhe verhalten, und Mystiker sagen, daß wir gerade dann die gewaltigsten Erfahrungen haben.

Denoch soll nicht geleugnet werden, daß in der Erfahrung das Erfahrene uns nicht nur angeht, sondern daß wir selbst sehr oft das Zu-erfahrende zu uns hereinholen, daß wir es suchen. Diese Ambivalenz wird in den lateinischen Sprachen deutlich: So meint etwa das englische (lateinische) *experience* eher das, was uns angeht, und *experiment* eher das, was wir selbst herausgesucht haben. Überhaupt sind in dieser Sache die lateinischen Termini besser als die deutschen. Im Deutschen meint ja *er-fahren* solange fahren, bis man irgendwo ankommt. Aber *ex-periri* meint eher, irgend etwas vollständig ausgebeutet haben. Im Deutschen erfahren wir eine Zitrone, wenn wir solange fahren, bis wir auf sie stoßen. Im Lateinischen erfahren wir sie erst, wenn wir sie vollständig ausgepreßt haben. Die oben angeführte, der Phänomenologie Husserls entstammende Formel weist den Weg aus dem Deutschen ins Lateinische.

Solange wir fortschrittlich (historisch) gedacht haben, ging es uns darum, eine Erfahrung nach der anderen zu machen. Das ist das lineare Don-Juan-Leben: eine Frau nach der anderen erfahren, und in Spanien allein tausend und drei erfahren haben. Seit wir (aus hier nicht zu besprechenden Gründen) das historische, lineare, fortschrittliche Bewußtsein aufgeben mußten, glauben wir nicht mehr, daß das Aneinanderreihen von Erfahrungen eine gute Methode ist, um tatsächlich etwas zu erfahren. Wir meinen jetzt eher, daß wir besser daran tun, an einer einzigen Erfahrung so lange zu kauen, bis wir sie ausgebeutet haben. Wir meinen jetzt eher, daß ein Mann, der eine einzige Frau erfährt, eine tiefere Frauenerfahrung hat, als Don Juan sie gehabt hätte, selbst wenn er seine Liste unendlich weitergeführt haben würde. Diese unsere neue, anti-historische Meinung hat sich sehr deutlich in der Fotokamera niedergeschlagen. Das ist eine Maschine für *ex-periri:* Sie springt um das Zu-erfahrende umher, um es von so vielen wie möglichen Standpunkten aus zu erfahren. Diese nachgeschichtliche Mobilität der Kamera (gleichgültig, ob wir sie einen verkörperten Gedanken oder einen ausgedachten Körper nennen) ist die hier in Frage stehende Mobilität der Erfahrung: ein Tanz um eine Möglichkeit herum, damit sie Wirklichkeit werde.

Hier ist ein Bedenken anzumelden. Solange wir eine Erfahrung nach der anderen zu machen versuchten, waren wir von der Unmöglichkeit beeindruckt, alles Mögliche zu erfahren. Je weiter wir fuhren, desto größer wurde zwar die Insel des bereits Erfahrenen, aber diese Insel war von einem nie erfahrbaren Ozean umspült, und im Vergleich zu diesem Ozean blieb unsere Insel immer verzweifelt winzig, geradezu verächtlich. Anders gesagt: Damals war die Welt unerfahrbar, weil wir nicht weit genug fahren konnten, um sie ganz zu durchfahren. Die Schuld lag bei uns Fahrenden, und nicht in der Sache. Jetzt, da wir uns auf einige ganz wenige, uns hautnah angehende Erfahrungen zu konzentrieren versuchen, jetzt, da wir nicht mehr ausfahren, um zu entdecken, sondern eher das uns Angehende auskosten wollen, kommen wir auf die umgekehrte Begrenzung. Jede konkrete Erfahrung ist von einem zahllosen Schwarm von Standpunkten umgeben, und wir können keine völlig auskosten, so viele Standpunkte wir auch einnehmen mögen. Wir können zum Beispiel ein Menschengesicht von tausend Standpunkten aus fotografieren, wir können es auf tausend Methoden beleuchten, wir können die Kamera und das Gesicht selbst in tausend Richtungen wenden, wir werden damit noch nicht begonnen haben, die Zahl der Möglichkeiten, das Gesicht zu erfahren, anzuknabbern. Das heißt, die Schuld an der Unerfahrbarkeit der Welt liegt nicht nur an uns (wie dies für das historische Bewußtsein der Fall war), sondern sie liegt in der konkreten Beziehung selbst, in welcher wir zur Welt stehen.

Dieses Bedenken sagt, daß wir mit dem Aufgeben des Fortschrittsbewußtseins in eine andere Stimmung beim Erfahren hinübergewechselt sind. Damals glaubten wir, objektiv sei überhaupt alles erfahrbar, nur haben wir nicht die subjektive Fähigkeit, überall hinzufahren. Das war eine Art von Optimismus: Wir können zwar nie alles erfahren, aber dennoch immer mehr erfahren. Gegenwärtig glauben wir, daß überhaupt nichts völlig erfahrbar ist und daß wir, so lang, breit, tief und hoch wir auch suchen mögen, nie bis zum Kern überhaupt irgendeiner Erfahrung kommen können. Das ist eine eigentümliche Art von Pessimismus: Alles um uns und wir selbst sind in ein unergründliches Geheimnis gebadet, und wir erfahren von diesem Geheimnis nur jene Aspekte, die uns angehen.

Erfahrung ist, seit wir phänomenologisch und nicht mehr historisch zu denken gelernt haben, etwas, das auf uns zukommt, das uns angeht, es ist eine Passion, ein Erleiden. Aber wir können uns unsererseits für diese Leidenschaft öffnen, uns zum Erfahren entschließen. Die meisten von uns verschließen sich, weil sie alles Leiden fürchten, und erfahren deshalb kaum irgend etwas im Verlauf ihres Lebens. Es kommt kaum irgendeine Zukunft in das Hier und Jetzt, das sie besetzen. Einige wenige unter uns sind bereit, sich der Zukunft zu öffnen und zu Erfahrungen zu entschließen. Die Mobilität bei diesem Entschluß ist die Bereitschaft, zu keiner ankommenden Erfahrung einen vorgegebenen Standpunkt einzunehmen, sondern alle möglichen Standpunkte auszuprobieren. Die Mobilität des Körpers in diesem Entschluß ist, sich der Erfahrung von allen möglichen Seiten her zu öffnen, um sie von daher bedenken zu können. Und die Mobilität der Gedanken dabei ist, den Körper und/oder den Apparat zu einem Hin-und-Her angesichts einer jeden Erfahrung zu motivieren.

Schließlich noch ein Wort zur Aufgabe des Intellektuellen: Er soll jene Mücke sein, welche die Leute sticht, um sie für Erfahrungen zu öffnen und um ihre Körper und Gedanken für vorurteilsloses Standpunktwechseln zu motivieren.

Wiedervereinigung oder Vernetzung

Zwei der gegenwärtig bestehenden Deutschländer scheinen sich wiedervereinigen zu wollen. Das ist ein Vorgang, der allgemein als ein Niederreißen von Mauern und Grenzen begrüßt wird. Es geht aber dabei vielleicht um eine optische Täuschung. Möglicherweise geht es dabei im Gegenteil darum, «deutsch» zu definieren, also Grenzen zu ziehen, geht es um «Nationalismus». Ein Deutschland ist ein Gebiet, worin sich die Leute des Codes «Schriftdeutsch» bei vielen ihrer Kommunikationen bedienen. Das ist ein Code, der bei einer vorangegangenen Wiedervereinigung verschiedener Deutschländer in der Prager Kanzlei Karls IV. (1316–78) ausgearbeitet wurde. Die Absicht dabei war, verschiedene deutsche Mundarten (etwa die luxemburgische und die böhmische) auf einen gemeinsamen Nenner zu reduzieren. Schriftdeutsch hat einen Wiedervereinigungscharakter: Es soll das in zahlreiche Dialekte zerfallene mythische Deutsch zumindest auf dem Papier rekonstituieren. Ein Deutschland ist ein Land, worin die deutsche Schreibmaschine schlägt, nicht die deutsche Zunge.

Aber Schriftdeutsch (und der alphabetische Code überhaupt) ist dabei, an Bedeutung zu verlieren. Die Leute werden immer mehr von Bildern informiert und immer weniger von Texten. Und diese Bilder werden immer häufiger aus Kalkulationen komputiert, es sind immer häufiger synthetische Bilder. Sie beruhen auf digitalen Codes, und die sie manipulierenden Leute heißen «Hacker». Vielleicht, weil sie lineare Codes wie das Schriftdeutsch zu den Zahlen 0 und 1 zerhacken. Aber diese Benennung hat eine noch viel interessantere Nebenbedeutung. Hacker sind Leute, welche vielleicht die Bemühungen der Wiedervereiniger zu Teilchen zerhacken werden.

Digitale Codes unterscheiden sich von solchen wie Schriftdeutsch nicht dadurch, daß sie etwa weniger «natürlich», also gekünstelt wären. Auch das Schriftdeutsch ist eine ausgeklügelte, mit (imperialer) Absicht hergestellte Sache. Sie unterscheiden sich von Schriftdeutsch durch folgende Aspekte:

1. Ihre Benützer wählen sie frei, während das Schriftdeutsch durch Schulzwang in Umlauf gebracht wird.

2. Sie erfordern miteinander vernetzte Apparate (haben einen dialogischen Charakter), während das Schriftdeutsch zu einer Bündelung von Beziehungen führt (es hat einen diskursiven Charakter).

3. Digitale Codes führen zu einer kalkulatorischen, komputatorischen, relationellen Denk- und Handlungsweise, während das Schriftdeutsch eher auf eine prozessuale, definitorische Daseinsweise abzielt. Das sind für die Zukunft wichtige Unterschiede.

Es gibt Anzeichen für ein Auftauchen der «digitalen» aus der «linearen» Denkart. Dies äußert sich als ein Zerbrökkeln großer Einheiten zu Teilchen, die dann miteinander vernetzt werden können. Es ist, also ob sich Krämpfe lösen wollten. Dies kann entweder als Erlösung oder als Auflösung gewertet werden. Beispiele für eine derartige Entkrampfung sind auf zahlreichen Gebieten zu finden: Lockerung der Familienbande, immer unschärfer werdende Trennung der Klassen, Zerfall von zentral gebündelten Disziplinen (beim Militär, in der Kirche, ja sogar in kommunistischen Parteien), Zerfließen der Fächer in Hochschulen zu interdisziplinärer Forschung. Überall zerfallen definierte Ballungen, um vernetzbare graue Zonen zu bilden.

Aber das hier gebotene Beispiel ist der Europa-Gedanke: Es geht darum, Staatsgrenzen abzuschaffen. Aber nicht, um ein wiedervereinigtes Europa (wie etwa unter Konstantin oder Karl dem Großen) herzustellen, sondern im Gegenteil, um Europa in Teilchen zu zersetzen und diese dann mittels einander überkreuzender Bindungen zu vernetzen. Verkrampfungen wie Frankreich, Spanien und Italien sollen aufgelöst werden, um komplexe Vernetzungen etwa zwischen der Provence, Katalonien und der Toskana spinnen zu können. Der Gedanke dabei ist, daß der Nationalismus – diese Erfindung der aufgeklärten Bourgeoisie des 17. und 18. Jahrhunderts – sich als ein katastrophales Verbrechen herausgestellt hat und daß, wenn die gigantischen Nationalstaaten abgeschafft sind, frei gewählte menschliche Bindungen eingegangen werden können. Also etwa Arbeits- und Freizeitgemeinschaft anstelle von Volksgemeinschaft. Um es auf goethisch zu sagen: Wahlverwandtschaft statt Blutsverwandtschaft.

Wer durch das wiedergeöffnete Brandenburger Tor geht, der schreitet nicht in Richtung eines derartigen Europa-Gedankens. Die Berliner Mauer ist nicht abgetragen worden, um nationale Grenzen abzuschaffen, sondern um solche zu errichten. Man will dabei nicht etwa Brandenburg mit der Auvergne oder Schwaben mit Wales vernetzen, sondern zwei Deutschländer (und – warum nicht? – später noch einige andere Deutschländer) zu einer Einheit ballen. Man will Einheit, und das ist gerade das, was der Europa-Gedanke (und die «digitale» Denkart überhaupt) verhüten möchte. Sie sucht nicht Einheit, sondern Vielheit, nicht Wiedervereinigung, sondern vernetzte Streuung.

Die Hacker sitzen in den beiden sich wieder vereinigen wollenden Deutschländern vor ihren vernetzten Apparaten. Sie sind, durch dieses ihr Sitzen, in ein Netz eingebaut, das sie mit anderen Menschen überall auf der Welt, ohne Rücksicht auf irgendwelche Grenzen, verbindet. Sie erleben, wie durch die Fäden dieses Netzes immer Neues hergestellt wird. Sie sind lebende Beweise für die Sturheit einer jeden Grenzziehung und für die schöpferische Gewalt der sogenannten «grauen Zonen». Vielleicht genügt das Beispiel der Hacker, um die bündelnden, verkrampfenden Tendenzen der Wiedervereiniger zu zerhacken? Um Karl IV., Karl den Großen und Konstantin zu verhüten und statt dessen eine dialogisch vernetzte und darum freiere Gesellschaftsstruktur herzustellen? Wer die Szene von außen sieht, dem wird dies als unwahrscheinlich erscheinen. Aber wer sich der Erschöpfung der Codes vom Typ «Schriftdeutsch» (und daher der Erschöpfung eines jeden Nationalismus) bewußt ist, und wer von der schöpferischen Potentialität in den neuen Codes weiß, der wird eher auf die Hacker und nicht auf die Wiedervereiniger setzen.

Gibt es die französische Nation noch immer?

Dieser Vortrag wird in einem historischen Augenblick entworfen: Die Union der sozialistischen Räterepubliken ist dabei, in Nationalstaaten zu zerfallen. Das ist aus zwei Gründen erschütternd. Erstens sind Räterepubliken Strukturen, welche beabsichtigen, andere, unhaltbar gewordene zu ersetzen. Zweitens aber sollte es laut posthistorischer Analyse überhaupt keine historischen Augenblicke mehr geben. Der folgende Vortrag wird sich mit diesen beiden komplementären Erschütterungen befassen. Man sieht, der im Titel enthaltene Ausdruck «französische Nation» steht hier für angeblich unhaltbar gewordene Gesellschaftsstrukturen und für angeblich überholte Geschichte.

Wer vor nur einigen wenigen Jahren die soziale Lage, insbesondere Europas, zu überblicken versuchte, war vom Ruin der meisten traditionellen Strukturen beeindruckt. Nation, Klasse, Familie, Ehe, aber auch weniger formalisierte Bindungen, zum Beispiel Meister und Schüler oder Arbeitsgemeinschaften, schienen in fortgeschrittenen Phasen der Verwesung begriffen und die Luft zu verpesten. Andererseits konnte man in dem brodelnden amorphen Brei der Konsumgesellschaft kaum ein etwaiges Emportauchen neuer zwischenmenschlicher Bindungen konstatieren. Gewiß, die Massenmenschen, der hergebrachten Bindungen entledigt, begannen sich um Sammelpunkte einer neuen Anziehungskraft wie Fernsehschirme, sommerliche Strände, winterliche Skipisten oder sporadische sogenannte Festivals zu gruppieren. Es war jedoch beim besten Willen nicht möglich, in diesen mehr oder weniger vorübergehenden, aus der Masse emportauchenden Gespinsten Strukturen zu erkennen, welche den emotionalen, intellektuellen und ästhetischen Inhalt der zerfallenden Bindungen übernehmen könnten. Daher war damals die folgende Prognose geboten: Vor allem dank der sogenannten Kommunikationsrevolution gehen wir einem amorphen, breiigen Vermassungszustand entgegen. Die Aufgabe des Intellektuellen schien damals unter anderem im Herausfinden, ja im Erfinden alternativer, intersubjektiver Bindungen zu liegen, die dem absurd werdenden Leben wieder einen Sinn geben könnten.

An dieser Stelle ist der folgende kurze Exkurs geboten: Alle Gesellschaftsstrukturen unserer Tradition sind historisch erklärbare Kulturprodukte, aber sie sehen alle für den Beteiligten so aus, als seien sie außerhistorische, immer schon dagewesene Naturphänomene. Es sieht zum Beispiel so aus, als sei die Ehe als Lebensgemeinschaft zwischen einem Mann und einer Frau eine zumindest für die Art Mensch natürliche Lebensweise. Der Hinweis auf ihren relativ jungen, historischen Ursprung ruft bei sogenannten moralischen Leuten nicht nur Empörung hervor, sondern auch den charakteristischen Unwillen, die Tatsache zur Kenntnis zu nehmen. Man versuche zum Beispiel, einem wohlgesitteten Bürger zu erklären, die klassischen Griechen hätten in der Bindung zwischen Mann und Frau etwas Minderwertiges und in der homosexuellen Bindung zwischen einem Lehrer und seinem Schüler das eigentlich menschlich Wertvolle gesehen. Oder ihm zu erklären, daß noch vor kurzem ein Mann in China verschiedene Frauen hatte, wobei jeder Frau eine spezifische Rolle zukam, daß er diese Frauen mit seinen Brüdern teilte, daß die erste Hauptfrau das eigentliche Oberhaupt der Familie war und daß wir dieser Struktur eine der höchsten Blüten der menschlichen Kultur verdanken. Was für die Ehe gilt, gilt für alle übrigen traditionellen Gesellschaftsstrukturen. Die Familie in unserem Sinn, also Eltern und Kinder, ist eine späte Folge der Industrierevolution, und jene unter uns, die noch einen bäuerlichen Background haben, wissen, daß diese Kleinfamilie mit den abwesenden Vätern und den ausgesetzten Großeltern noch vor wenigen Jahrzehnten als barbarisch empfunden wurde. Was die Nation betrifft, so versuche man einem

Nationalisten beizubringen, daß es sich um eine mehr oder weniger freie Erfindung französischer Intellektueller des 17. und 18. Jahrhunderts handelt und daß etwas früher das Wort Nation am ehesten noch eine Studentenverbindung an einigen alten Universitäten meinte. Exkurs Ende.

Alle menschlichen Gesellschaftsstrukturen sind Erfindungen, Konventionen. Sollte es je eine biologisch bedingte Gesellschaftsform gegeben haben, etwa die berüchtigte Horde, in der die Söhne den alternden Vater umbringen, um mit der Mutter schlafen zu können, so wäre unsere Sympathie für sie eher begrenzt: Es ist widerlich, «natürliche» Lebensformen führen zu wollen. Dies ist übrigens ein wichtiges Argument gegen alle Naturfreunde, die spätestens seit dem 18. Jahrhundert ihr Wesen treiben. Wenn es Natur überhaupt gibt, sei es um uns herum oder in uns drinnen, immer und überall gilt es, sie zu beherrschen und zu meistern, und darin besteht die Menschenwürde. Dennoch, wenn es auch keine natürliche Gesellschaftsform gibt, so funktionieren doch die durch Tradition geheiligten Formen wie zweite Naturen. Mag die Ehe durch zweitrangige Literatur und Hollywood noch so verkitscht worden sein, bis vor kurzem funktionierte sie trotzdem, als sei sie naturgegeben. Die gegenwärtige ehelose Lebensweise erscheint den Alten als unnatürlich. Diese Bemerkung sieht wie eine Rückkehr in den oben abgeschlossenen Exkurs aus, meint aber etwas anderes. Sie meint, daß auch denjenigen, die sich des historischen Ursprungs der Ehe bewußt sind, diese Lebensform Sinn gibt. Mag sein, daß irgendein Gesetzgeber oder Advokat in Erbschaftssachen oder, was wahrscheinlicher ist, irgendein Dichter die Ehe als Liebesbund zwischen zwei Menschen frei erfunden hat – dennoch will und kann ein derart Gebundener ohne diese, einst Treue genannte Bindung nicht leben. Um noch ein länger zurückliegendes Beispiel zu geben: Mag sein, daß die Unterwerfung des Schülers unter den Meister oder die Verantwortung des Meisters für den Schüler eine mehr oder weniger freie Erfindung der Organisatoren der mittelalterlichen Zünfte und Universitäten ist, aber wer unter uns noch das außergewöhnliche

Glück hatte, einen Meister zu haben und/oder einen Schüler, der weiß, wie wertvoll, ja unersetzlich eine solche Bindung sein kann. Gesagt wird dies mit der Absicht, den wertvollen Kern im Begriff der Nation anzuerkennen. Denn in der Folge soll gegen die Nation und a fortiori gegen den Nationalismus geeifert werden. Das Gesagte soll verhüten, das Kind mit dem Bade auszuschütten.

Um den existentiellen Unterschied zwischen dem Engagement für die Ehe und dem für die Nation zu zeigen, sei an die implizite Definition des Heidentums bei den jüdischen Propheten erinnert. Diese meinten, Heidentum sei verbrecherisch und vor allem blöd, weil die Götzenanbeter etwas liebten, von dem sie nicht zurückgeliebt werden könnten. Das ist die genaue Schilderung des Nationalismus. Die Nation ist ein Götze. Wenn ich meiner Frau die Treue halte, das heißt, mich aus freiem Willen einer Bindung unterwerfe, so will ich in meiner Frau einen anderen erkennen, der mich wiederlieben kann. Wenn ich mich aus freien Stücken, aus heißer Liebe zum Vaterland einer Bindung bis zum Tode unterwerfe, dann bin ich ein Verbrecher und ein Trottel. Denn was immer Nation einmal geheißen haben mag und welchen wertvollen Kern sie auch besitzt, sie kann mich nicht wiederlieben. Ich kann mich in ihr nicht erkennen. Mein Engagement für sie ist eine existentielle Lüge.

Ich habe gegen den Nationalismus zu eifern begonnen, und dies nicht nur aus theoretischen, sagen wir einmal ontologischen Gründen. Seit der Erfindung der Nation nämlich, seit der Nationalstaat den dynastischen verdrängte, hat das Engagement für den Nationalismus verbrecherischer- und blöderweise Europa und die Welt wiederholt in Blut gebadet. Es ist schon dumm genug, für den Kaiser oder einen anderen Landesvater sein Leben zu geben und es dabei anderen zu nehmen. Aber das gleiche in erhöhtem Maß für die katalanische, die baskische oder die sorbische Nation zu tun – von grauenhaften Monstren wie der französischen und der deutschen ganz abgesehen –, das allerdings wäre unglaublich, wenn es nicht tatsächlich geschehen wäre. Denn Dynastien sind zumindest menschlich, aber Nationen sind sächlich.

Darum habe ich, wie so viele andere junge Leute meiner Generation, das Emportauchen der Räterepubliken als eine Katharsis aus mörderischer Verblendung angesehen. Dies hier und jetzt zu sagen, muß in den Ohren jüngerer Generationen wie ein Geständnis totaler Verblendung klingen. Wir alle wissen von den sukzessiven Verbrechen, die im Namen oder unter dem Deckmantel der Räterepublik begangen wurden, nicht zuletzt der Pakt, den die Räterepubliken mit dem hemmungslosen Nationalismus der Nazis eingegangen sind, und wir alle wissen, welches klägliche Ende die Räterepubliken genommen haben. Kläglich nicht, weil sie zerfallen sind, sondern weil sie einer Drachenbrut von Nationalstaaten, wie etwa Lettland oder Moldavien, weichen, zu deren Ersetzung und Überholung sie überhaupt erst eingerichtet wurden. Das allerdings ist kläglich im doppelten Sinn: wert angeklagt zu werden und ein Klagelied anzustimmen. Hier sei das Klagelied von den Räterepubliken angestimmt, um den jüngeren Generationen eine Erklärung der eigenen Verblendung, aber auch ihrer eigenen zu geben.

Damals, in den verschollenen dreißiger Jahren, sah es so aus, als sei eine Räterepublik ein Werkzeug der Vernunft gegen den Wahnsinn des Nationalismus. Da gehen Leute mit sich und miteinander zu Rate, um ein vernünftiges, sinnvolles Zusammenleben zu gestalten, und dieses Zu-Rate-gehen organisieren sie als eine Stufenleiter. Auf der niedrigsten Stufe wird über die in der engeren Lebenswelt, also etwa in der Arbeitsgruppe, in der Schule, Fabrik und im Dorf, entstehenden Probleme beraten. Auf der nächsten Stufe entsenden diese lokalen Räte Vertreter in einen höheren Rat, in dem weiterreichende Probleme zu lösen sind, hinauf bis zur höchsten Stufe, zum Obersten Sowjet, in dem Entsandte aller Räte von Räten von Räten künftig alle Probleme der Menschheit überhaupt zu lösen hätten, wenn einmal die ganze Menschheit in den Bund der Räterepubliken aufgenommen sein sollte. Zumindest als Projektion ist der Oberste Sowjet demnach der Ausdruck einer allmenschlichen Vernunft, die strukturell alle vorausgegangenen Ideologien und vor allem jene des Nationalismus überholt hat. Die Moskauer Prozesse haben die Hoffnung auf den Sieg der Vernunft im Rätesystem zerschmettert, und ich glaube nicht, daß diejenigen, die diese Hoffnung gehegt haben, sich je von dieser Erschütterung erholt haben können. Aber ein Aspekt des riesigen Experiments, vernünftig menschliche statt ideologisch belastete Gesellschaftsstrukturen zu bauen, blieb dennoch aus dieser Erschütterung übrig: Die vorangegangenen mörderischen Ideologien, allen voran der Nationalismus, sind von den Räterepubliken ausgemerzt worden. Und siehe da: Die Räterepubliken zerfallen und der siebzig Jahre lang totgeglaubte Nationalismus ersteht wie Phönix aus der Asche.

Mit entsetzt aufgerissenen Augen stehe ich vor der freudigen Überraschung, mit welcher die westlichen Gesellschaften diese Katastrophe begrüßen. Wir, die Zwischenkriegsgeneration, waren verblendet. Noch verblendeter jedoch ist die heutige Jugend. Wie kann jemand angesichts des Wiedererstehens des nationalen Irrsinns von der Zukunft eine menschenwürdigere Lebensweise erwarten? Wie kann zum Beispiel jemand glauben, daß es einer neuen europäischen Organisation gelingen wird, den Nationalismus zu überwinden, wo die Räterepubliken fehlschlugen. Denn was immer das neue Europa sein wird, es wird ein oberflächlicher Bund von Nationalstaaten sein, während die Räterepubliken eine grundsätzliche Umstrukturierung der Gesellschaft versuchten, mit dem Ziel, nicht nur den Nationalstaat, sondern den Staat überhaupt absterben zu lassen.

Aber die Sache hat noch eine fürchterlichere Seite. Alles Reden von Nachgeschichte, von Posthistoire läuft darauf hinaus, daß wir aus einer prozessuellen in eine formale Denkart übergehen und uns somit von historischen, politischen und anderen Ideologien befreien. So gesehen hatten die Räterepubliken einen posthistorischen Charakter *avant la lettre*. Der Zusammenbruch der Räterepubliken zeigt, wie das historische Bewußtsein im schlimmsten Sinn, nämlich in Form des Nationalismus, das posthistorische überspült und außer Kraft setzt. Kurz, der Untergang der Sowjetunion zeigt, wie verblendet wir sind, wenn wir glauben, dank programmierender, entwerfender, planender Mentalität den mörderischen Unfug politischer Ideologien überwinden zu können.

Diese Ausführungen scheinen den Titel meines Vortrags «Gibt es die französische Nation noch immer?» überhaupt nicht angesprochen zu haben. Irrtum. Es wurde nur davon gesprochen. Und hier die Antwort auf die im Titel gestellte rhetorische Frage: Ja, es gibt sie noch immer. Was beweist, wie verblendet jene sind, die auf ein Überwinden der als verbrecherisch, als ausgehöhlt erwiesenen Gesellschaftsstrukturen durch eine posthistorische, formale, nicht emotionale, kurz menschenwürdige Denkart hoffen. Die französische Nation, diese Erfindung der französischen Aufklärung, hat zum Entstehen zahlloser anderer Nationen geführt, dies hat unbeschreibliche Greuel überall in der Welt hervorgebracht, und diese Tatsache ist aufgrund verschiedenartiger Analysen deutlich ins Bewußtsein gedrungen. Dennoch gibt es die französische Nation noch immer. Das ist einer der Gründe, warum wir am Menschen als einem sich selbst überwindenden Wesen eigentlich verzweifeln sollten.

Ein aktuelles Thema

Falls am Tag der Veröffentlichung dieses Aufsatzes der Golfkrieg noch wüten sollte (denn was kann ein Krieg schon tun außer wüten?), dann bleibt er ein aktuelles Thema. Falls er bis dahin zu wüten aufgehört haben sollte, dann muß er als aus der Aktualität zu den Akten abgelegt angesehen werden. Das ist eine eigenartige Sache, das mit der Aktualität, und sie will bedacht sein. In der philosophischen Tradition meint «Aktualität» etwa das Gegenstück zu Potentialität, und eine aktuelle Sache ist eine Möglichkeit, die verwirklicht wurde. Im Englischen meint «actual» ungefähr das, was im Deutschen «tatsächlich» genannt wird. Und im Deutschen meint «aktuell» etwa «das im Augenblick Interessante». Wenn man demnach vom Golfkrieg sagt, er sei aktuell, dann meint man, daß durch ihn eine Möglichkeit verwirklicht wurde, daß es ihn tatsächlich gibt, und daß er in Kürze uninteressant wird. In ihrer Ausgabe vom 8/2/91 hat die Wochenzeitung *Freitag* die Seite 19 dem Ende des Politischen gewidmet. Der vorliegende Aufsatz wird das dort Gesagte aktualisieren:

Es ist schwierig, zum Golfkrieg Stellung zu nehmen, solange er aktuell ist, weil man vor ihm sitzen muß und in den Fernsehschirm schauen muß und daher nicht stehen kann. Die Aktualität des Kriegs – also wie er sich verwirklicht, wie er tatsächlich wird, und was an ihm augenblicklich interessiert –: das alles ist im Bildschirm (wie Paul Virilio sagt, der mit mir jene Seite 19 teilt). Dennoch kann man versuchen, sich vom Lehnstuhl zu erheben und in Stellung zu gehen. Vier Stellungen sind verfügbar (es mag weitere geben, aber diese sind leicht ersichtlich). Die eine Stellung dreht dem Krieg angewidert oder gelangweilt den Rücken. Sie soll hier nicht bedacht werden, weil von ihr aus gesehen der Krieg nicht aktuell ist. Die anderen drei sollen kurz ausgeführt werden, um der Aktualität näher zu kommen.

(1) Alle Kriege überhaupt (also der Krieg als solcher, der Krieg als allgemeine Idee) sind übel. Der Golfkrieg aktualisiert diese Stellung, und er erlaubt, sich hier und jetzt gegen den Krieg im allgemeinen zu engagieren. Also steht man vom Lehnstuhl auf, geht auf die Straße und schwingt Fahnen. Somit hat die Aktualität des Kriegs den Fernsehschirm zugunsten der Straße verlassen, aber nur, um dann wieder als Straßenszene in den Schirm aufgenommen zu werden. Das ist nicht die einzige Schwierigkeit dieser Stellung, daß sie «rekuperiert» wird. Sie hat auch einen inneren Fehler: Wenn ich vom Allgemeinen aufs Besondere schließe, von der Klasse «Krieg» auf den Sonderfall «Golfkrieg», dann droht die Gefahr, daß ich dabei das Besondere, also das Aktuelle, aus dem Griff verliere und in allgemeine Platitüden verfalle.

(2) Als das ottomanische Reich zerstört wurde, haben die imperialistischen Mächte das Gebiet des Nahen und Mittleren Ostens in mehr oder weniger frei erfundene Teile wie Libanon, Palästina, Syrien, Jordanien, Irak und Kuweit zerstückelt, um es zu beherrschen. Der Krieg wird geführt, um das Kalifat von Bagdad, also die vor-ottomanische Einheit unter arabischer Vorherrschaft wiederherzustellen. Dabei ist leider unvermeidlich, daß mittelalterliche Denkkategorien wie «Märtyrer», «heilige Stätten», «Satan» und «Djihad» ins Spiel kommen, aber davon muß man sich nicht verwirren lassen. Objektiv ist der Krieg ein Versuch, den Imperialismus zu brechen, und der Imperialismus ist übel. Also steht man vom Lehnstuhl auf, geht auf die Straße und greift imperialistische Interessen an, um dem Sieg der guten Sache zu dienen. Der Einwand gegen (1) gilt auch für (2): Die Straßenszenen werden in den Schirm zurückgenommen, und dies desto gieriger, als Terroranschläge wirksamere Programme abgeben als Fahnenschwenken. Aber der Standpunkt (2) hat noch einen schwerwiegenderen Schönheitsfehler: Er ist kein aktueller Standpunkt. Wer von Imperialismus und Befreiungskrieg redet, der muß mit dem Gähnen des geneigten Publikums rechnen. Zwar kann er seine

Sache mit Antisemitismus pfeffern (den er «Antizionismus» nennen kann), und das ist ein immer aktuelles Thema. Dennoch läuft er Gefahr, beim Aufstehen aus dem Lehnstuhl und Ergreifen der Waffe den Kontakt mit der Aktualität verloren zu haben.

(3) Dank einem geologischen Zufall ist ein großer Teil der Petroleumquellen in einem Gebiet konzentriert, deren Bewohner so gut wie nichts zum Erfinden von Benzinmotoren, zum Ausfindigmachen der Quellen, zum Raffinieren des Petroleums und zu seinem Verteilen über die Welt beigetragen haben. Dennoch ist es diesen blinden Hennen gelungen, das derart gefundene Korn wiederholt zum Erpressen der Menschheit (vor allem der armen Gesellschaften) zu verwenden und die damit erworbene Beute (die Petro-Dollars) nicht zur Bereicherung ihrer Gesellschaft, sondern zum Ansammeln lebensgefährlicher Waffen zu benützen. Diese Waffen müssen zerstört werden, bevor es diesen unverantwortlichen und blutrünstigen Abenteurern gelingt, die Wirtschaft und damit das zivilisierte Leben der Menschheit zu gefährden. Also steht man vom Lehnstuhl auf und läßt sich als Fremdenlegionär oder als Spezialist anheuern, um zur Verteidigung der Gesittung in die Bresche zu springen. Somit hat sich die Aktualität des Kriegs aus dem Schirm in die vom Schirm gezeigte Szene verschoben. Die Schwierigkeit dieses Standpunktes ist, daß man dort nicht gebraucht wird. Hochentwickelte Apparate, die von künstlichen Intelligenzen gelenkt werden und nach Szenarien programmiert sind, erledigen die Sache, und was von uns erwartet wird, ist nicht, daß wir uns engagieren, sondern daß wir schön im Lehnstuhl vor dem Schirm sitzen bleiben.

Die drei (oder vier) hier aufgezählten Standpunkte zum aktuellen Golfkrieg sollen zeigen, daß es nicht mehr aktuell ist, Standpunkte einzunehmen und zu vertreten, sondern daß man zu sitzen hat, wenn man aktualisiert, auf dem Laufenden bleiben will. Das kann als Ende der Politik angesehen werden, zumal man ja sicher sein darf, daß jedes Engagement letzten Endes dem Fernsehschirm zugute kommt, gleichgültig mit welcher Absicht es unternommen wurde. Aber diese Sache mit dem Ende der Geschichte hat auch eine andere Seite. Sobald man nämlich das Standpunkteinnehmen aufgibt, verflüchtigt sich die Aktualität des Kriegs und etwas Dauerhafteres daran wird ersichtlich:

Es zeigt sich nämlich dann auf dem Schirm und durch den Schirm hindurch, was es mit der politischen Geschichte auf sich hat: daß sie das konkrete, unwiederholbare, einzigartige Erleben in ein sich wiederholendes, klassifizierbares und manipulierbares Schauspiel verwandelt. Das einzigartige Erleben (also etwa der Schmerz dieser einen Mutter angesichts des Todes ihres Kindes, oder der einzigartige Wahnsinnshaß, der diese Menge von Halbwüchsigen zu hysterischen Purzelbäumen verführt) zeigt sich dann hinter dem Schleier des Politischen als etwas gänzlich Unaktuelles, nämlich als eine dauerhafte Dimension des Daseins. Erst wenn wir gelernt haben werden, nicht politisch, nicht historisch, sondern konkret, ästhetisch zu schauen, erst dann werden wir von Nachgeschichte, vom Tod der Ideologie, von einer neuen Kulturform sprechen können. Wenn wir das einmal erlernt haben werden, dann wird nichts mehr aktuell, sondern alles wird dann konkret sein. Davon sind wir allerdings noch sehr weit entfernt. Daher sitzen wir weiterhin vor Schirmen, überlegen uns Standpunkte, und der Golfkrieg bleibt weiterhin aktuell, bis er ausgewütet haben wird, um einem anderen aktuellen Thema Platz zu gewähren.

Barbareneinfälle

Die wenigen vorläufig noch verfügbaren Zittergreise, die bereits in den Dreißigerjahren lasen, werden sich an die vertikalen Barbareneinfälle bei Ortega erinnern. Ich habe im Moment das Buch nicht bei der Hand und weiß daher nicht, ob ich richtig aus dem Spanischen übersetze. Das ist auch nicht wichtig, weil der damalige Impakt, mit den Moskauer Prozessen und der Machtübernahme im Hintergrund, gegenwärtig nicht einschlägt. Heute haben die Barbaren ganz andere Einfälle als damals, und es ist gleichgültig geworden, ob ihnen das vertikal, horizontal oder diagonal einfällt. Der barbarische Einfall, Unschuldige zu freiwilligen Geständnissen zu veranlassen, und der womöglich noch barbarischere, Politik nach populären pseudobiologischen Kategorien zu treiben, paßt nicht mehr in den gegenwärtigen Kram, denn die Barbaren sind Kleinkrämer geworden. «Think small» steht auf der Fahne, unter der sie die Gesittung erobern. Es ist ihnen eingefallen, kybernetisch zu barbarisieren.

Früher, als die Barbaren draußen und die Gesitteten drinnen waren, konnte man Mauern bauen, zum Beispiel den Limes, die chinesische oder die Berliner. Das war schon aus definitorischen Gründen ein Vorteil, denn es zeigte konkret, daß «Barbar» draußen bedeutet. Zum Beispiel hatten damals vom Standpunkt der Germanen die draußen wohnenden Römer den barbarischen Einfall, in Germanien Straßen bauen zu wollen. Auch im Mittelalter noch ließ sich diese Definition von «Barbar» aufrechterhalten. Zum Beispiel fiel es den portugiesischen Rittersöhnchen barbarischerweise ein, nach draußen an die Universität von Padua zu ziehen und dort lateinisch zu reden. Diese barbarische Universitätssprache heißt heute noch in Brasilien «Patavina», was zugleich lateinisch und barbarisch bedeutet. Gegenwärtig ist dies leider nicht mehr so einfach, weil die Barbaren drinnen sind und die Gesitteten draußen. Da hat es keinen Sinn, Mauern bauen zu wollen, sondern alle Mauern fallen, die Barbaren wiedervereinigen sich, wie es einst die Proletarier aller Länder taten, und die Gesitteten emigrieren.

Die kleinkrämerische Barbarei, wie sie sich zum Beispiel in Buchstabenklümpchen wie AIDS, Nato, ET oder BRD äußert, untergräbt die Gesittung wirkungsvoller als die großmäulige, blutige und rasende der Dreißigerjahre, weil sie wie ein Virus unbemerkt alle Sitten verpestet. Niemand kann angesichts der Buchstabenklümpchen gesittet reden, angesichts der Fleischklümpchen gesittet essen, angesichts der Zahlenklümpchen gesittet philosophieren. Die Allgegenwart der barbarischen Kleinkrämerei hat bereits alle Sitte in Unsitte verwandelt, so daß jeder, der die Gesittung vor der Barbarei retten will, dies im Bewußtsein tut, unsittlich zu handeln. Wer dieser kybernetischen Barbarisierung entkommen will, muß sich zurückziehen.

Dieser Rückzug selbst ist ein Barbareneinfall. Es fällt dabei dem Emigranten ein, daß er der Barbar aller anderen ist, eben weil er nicht mitspielt. Als die Germanen und die Christen Rom zerstörten, waren für sie die Römer Barbaren. Dann zogen sich einige Christen in Klöster zurück, um dort ein von unserem Standpunkt aus barbarisches Leben zu führen (zum Beispiel um dort zu stinken). Sie taten es, um Inseln der Gesittung im Ozean der Barbarei zu bilden. So ein Barbareneinfall ist gegenwärtig wieder spruchreif. Ob ihn Ortega «vertikal» genannt haben würde?

Exil und Kreativität

Dieser Aufsatz hat nicht vor, auf die existentiellen und religiösen Konnotationen des Begriffs «Exil» einzugehen. Es soll jedoch in allem, das hier zu sagen ist, jene Stimmung mitschwingen, in welcher die Christen vom Vertriebensein des Menschen aus dem Paradies in die Welt hinaus sprechen, in welcher die jüdische Mystik vom Exil des göttlichen Geists in der Welt spricht und in welcher die Existentialanalyse im Menschen einen Fremden in der Welt sieht. Dies soll in allem hier zu Sagenden mitschwingen, ohne zu Worte zu kommen. Denn die hier verfolgte Absicht ist, die Exilsituation als Herausforderung für schöpferische Handlung zu sehen.

Die zu unterbreitende Hypothese ist diese: Der Vertriebene ist aus seiner gewohnten Umgebung herausgerissen worden (oder hat sich daraus herausgerissen). Gewohnheit ist eine Decke, welche den Sachverhalt zudeckt. In der gewohnten Umgebung werden nur Veränderungen, nicht aber Permanenzen wahrgenommen. Wer wohnt, für den sind nur Veränderungen informativ, und alles Permanente sind für ihn Redundanzen. Im Exil ist alles ungewöhnlich. Das Exil ist ein Ozean von chaotischen Informationen. Der Mangel an Redundanzen dort erlaubt nicht, diesen Informationsschwall als sinnvolle Botschaften zu empfangen. Das Exil ist, da ungewöhnlich, unbewohnbar. Man muß, um dort wohnen zu können, die umherschwirrenden Informationen zu sinnvollen Botschaften erst verarbeiten, man muß diese Daten «prozessieren». Das ist eine Frage des Überlebens: leistet man die Aufgabe der Datenverarbeitung nicht, dann wird man von den Wellen des Exils verschlungen. Daten verarbeiten ist synonym mit Schaffen. Der Vertriebene muß kreativ sein, will er nicht verkommen.

Bevor ich an die Verteidigung dieser Hypothese gehe, will ich darauf aufmerksam machen, daß sie eine positive Bewertung des Vertriebenseins vorschlägt. In einer Lage, in der man gewöhnt ist, Vertriebene zu bemitleiden, ist diese positive Bewertung selbst ungewöhnlich und sollte, laut der Hypothese, daher selbst schon informativ sein. Denn es scheint ja, laut dieser Bewertung, daß jene Leute, welche den Vertriebenen «helfen» wollen, wieder gewöhnlich zu werden, sich im Grunde darum bemühen, sie in ihre eigene Ordinarität zurückzuholen. Dies ist eine informative Behauptung, da sie zwingt, Gewohntes zu überdenken. Die Behauptung rechtfertigt keinesfalls die Vertreiber, sondern sie zeigt im Gegenteil die Vulgarität der Vertreiber: Die Vertriebenen waren störende Faktoren und wurden entfernt, um die Umgebung noch gewöhnlicher als vorher zu machen. Hingegen stellt diese Behauptung anheim, ob die Vertreiber dem Vertriebenen nicht gegen die Absicht beider Teile einen Dienst geleistet haben?

Ich sage «Vertriebene» und nicht «Flüchtlinge» oder «Emigranten», um die Reichweite des hier angeschnittenen Problems vor Augen zu führen. Denn ich meine nicht nur Phänomene wie die Boat people, Palästinenser oder jüdische Emigration aus Hitlers Europa, sondern jenes Vertriebensein der älteren Generation aus der Welt ihrer Kinder und Enkel oder jenes Vertriebensein der Humanisten aus der Welt der Apparate. Wir stehen in einer Periode der Vertreibung. Wenn man dies positiv wertet, wird einem die Zukunft weniger dunkel erscheinen.

Dieser Aufsatz wird von einem mehrfach und in verschiedenen Sinnen Vertriebenen geschrieben. Von einem also, der das Leiden kennt, das jedes Exil kennzeichnet. Und auch den Schatten, den dieses Leiden wirft und für den die deutsche Sprache das Wort «Heimweh» gemünzt hat. Er wird trotzdem, oder gerade deshalb, das Vertriebensein loben.

Die Gewohnheit ist eine Wattedecke. Sie rundet alle Ekken ab, und sie dämpft alle Geräusche. Sie ist unästhetisch (von *aisthesthai* = wahrnehmen), weil sie verhütet, daß Informationen wie Ecken oder Geräusche wahrgenommen werden. Weil die Gewohnheit Wahrnehmungen abschirmt, weil sie anästhetisiert, wird sie als angenehm empfunden. Als gemütlich. Die Gewohnheit macht alles hübsch ruhig. Jede gewohnte Umgebung ist hübsch, und diese Hübschheit ist eine der Quellen der Vaterlandsliebe. (Welche allerdings Hübschheit mit Schönheit verwechselt.) Wird die Wattedecke der Gewohnheit weggezogen, dann entdeckt man. Alles wird dann ungewöhnlich, monströs, im wahren Sinne des Wortes «ent-setzlich». Es genügt, um dies einzusehen, sich einmal die eigene rechte Hand mit ihren Fingerbewegungen vom Standpunkt eines Marsbewohners anzusehen: ein oktopusartiges Ungeheuer. Die Griechen nannten dieses Entdecken des Zugedeckten *a-letheia*, ein Wort, das wir mit «Wahrheit» übersetzen.

Nicht etwa, als ob wir tatsächlich von unserer eigenen rechten Hand vertrieben werden könnten, außer selbstredend, wir ließen sie amputieren. Daher ist die Entdeckung, wie monströs unsere leibliche Bedingtheit ist, eher unserer seltsamen Fähigkeit zu verdanken, uns unseren Leib gedanklich zu vertreiben. So ein radikales Exil ist nicht lange aufrechtzuerhalten: Es packt uns ein unwiderstehliches Heimweh nach unserem hübschen Leib, und wir re-immigrieren. Und doch ist dieses Beispiel eines extremen Exils aufschlußreich: Es ist für den Vertriebenen beinahe so, als ob er aus seinem eigenen Körper hinausgetrieben wäre. Als ob er aus seiner Haut fahren müßte. Selbst das Gewohnte, das er ins Exil mitnimmt, wird nicht ganz geheuer. Alles um ihn herum und in ihm drinnen wird eckig und geräuschvoll. Er wird zur Entdeckung, zur Wahrheit getrieben.

Die Transzendenz, in der sich der Vertriebene befindet (soweit das Wort «befindet» für ihn zutrifft, denn tatsächlich ist er ja verloren), läßt ihn alles um ihn herum und in ihm drinnen als provisorisch, als vergänglich erscheinen. In der Gewohnheit werden nur Veränderungen wahrgenommen, im Exil wird alles als in Veränderung begriffen wahrgenommen, ist für den Vertriebenen überhaupt alles eine Herausforderung, verändert zu werden. Im Exil, worin die Decke der Gewohnheit abgezogen ist, wird man zum Revolutionär, und sei es nur, um dort wohnen zu können. Daher ist das Mißtrauen, das dem Vertriebenen im Neuen Land entgegengebracht wird, vollauf berechtigt. Sein Einzug ins Neue Land durchbricht tatsächlich das Gewohnte und bedroht seine Hübschheit.

Das Neue Land ist ja nur für den Vertriebenen Neuland. Wohin immer er vertrieben wird, dort wird er Amerika entdecken. Für die Bewohner, die ihn aufnehmen sollen, ist es ein Altland. Nur der Einwanderer in Amerika ist tatsächlich Amerikaner, und er ist Amerikaner, selbst wenn er in uralte Länder (zum Beispiel etwa nach Jerusalem) auswandern sollte. Durch seinen Einzug ins Exil verbreitet er um sich herum eine amerikanische Stimmung. Er wird zum Epizentrum eines Erdbebens, das von den Ureinwohnern als ein Umsturz des Gewohnten erlebt wird. Von seinem eigenen Standpunkt aus allerdings geht es eher um das Gegenteil: Er ist bemüht, das Ungewohnte (nämlich überhaupt alles) bewohnbar zu machen. Aus diesem gegenseitigen Mißverständnis kann ein schöpferischer Dialog zwischen Vertriebenem und Ureinwohner entstehen.

Es ist jedoch nicht gleichgültig, wohin man vertrieben wurde. Zwar ist für den Vertriebenen selbst überhaupt alles Exil Neuland. Aber für die Ureinwohner hat jedes Land einen anderen Charakter, nämlich andere Gewohnheiten, welche die Wahrheit verdecken. Es gibt Länder, die sich aus Gewohnheit für neu halten (zum Beispiel eben Amerika oder das Land unserer Enkel oder das Land der automatischen Apparate). Und Länder, die sich aus Gewohnheit für alt, das heißt «heilig» halten (zum Beispiel eben Jerusalem oder das Land der linearen Texte oder das Land der bürgerlichen Werte). Zieht nun der Vertriebene in ein sich für neu haltendes Land ein, dann zwingt dies die Ureinwohner, ihre durch Gewohnheit verkrustete Senilität zu entdecken. Und zieht er in ein sich für heilig haltendes Land ein, dann zwingt dies die Ureinwohner, ihre Heiligkeit als Gewohnheit zu entdecken. Er zwingt einerseits die Amerikaner, die Enkel und die Apparatfunktionäre, sich selbst als ein immer schon Dagewesenes zu entdecken. Und andererseits die Jerusalemer, die Schriftsteller und die Verteidiger ewiger Werte, sich selbst als träge Gewohnheitstiere zu entdecken. Daher kann der kreative Dialog zwischen Vertriebenem und Ureinwohner in zwei Typen aufgeteilt werden. Der eine Typ (etwa der Dialog zwischen einem Vertriebenen und einem New Yorker) wird informativ erneuern, der andere Typ (etwa zwischen einem Vertriebenen und einem Jerusalemer) wird informativ desakralisieren. Diese Klassifikation ist für ein Verständnis der Gegenwart (etwa des Phänomens der sogenannten «Gastarbeiter» oder des Phänomens der Kritik an Apparaten, wie sie in Deutschland von den «Grünen» befürwortet wird) wichtig.

Vertriebene sind Entwurzelte, die alles um sich herum zu entwurzeln versuchen, um Wurzeln schlagen zu können. Und zwar tun sie dies spontan, einfach weil sie vertrieben wurden. Es geht dabei um einen gleichsam vegetabilischen Vorgang. Den man vielleicht beobachten kann, wenn man versucht, Bäume umzupflanzen. Es kann jedoch geschehen, daß sich der Vertriebene dieses vegetabilischen, vegetativen Aspekts seines Exils bewußt wird. Daß er entdeckt, daß der Mensch kein Baum ist. Und daß vielleicht die menschliche Würde eben darin besteht, keine Wurzeln zu haben. Daß der Mensch erst eigentlich Mensch wird, wenn er die ihn bindenden vegetabilischen Wurzeln abhackt. Im Deutschen gibt es das gehässige Wort «Luftmensch». Der Vertriebene kann entdecken, daß «Luft» und «Geist» nah verwandte Begriffe sind und daß daher «Luftmensch» Mensch schlechthin bedeutet.

So eine Entdeckung ist ein dialektischer Umschlag im Verhältnis zwischen Vertriebenem und Vertreiber. Vor der Entdeckung ist darin der Vertreiber der aktive Pol, der Vertriebene der passive. Nach der Entdeckung wird der Vertreiber der Leidtragende, der Vertriebene der Täter. Es ist die Entdeckung, daß die Geschichte nicht von Vertreibern, sondern von Vertriebenen gemacht wird. Nicht die Juden sind ein Teil der Geschichte der Nazis, sondern die Nazis sind ein Teil der jüdischen Geschichte. Nicht die Großeltern sind ein Teil unserer Biographie, sondern die Enkel. Nicht wir sind ein Teil der Geschichte der automatischen Apparate, sondern die Apparate sind ein Teil unserer Geschichte. Und je radikaler wir von den Nazis, den Enkeln, den Apparaten ins Exil getrieben werden, desto mehr machen wir Geschichte: Wir transzendieren um so besser. Aber das ist nicht das Entscheidende an der Entdeckung, daß wir keine Bäume sind: daß Wurzellose Geschichte machen. Sondern das Entscheidende daran ist, zu entdecken, wie mühsam es ist, keine neuen Wurzeln zu schlagen. Die Gewohnheit ist nämlich nicht nur eine Wattedecke, welche alles zudeckt. Sondern sie ist auch ein Schlammbad, in dem es hübsch ist zu wühlen. Heimweh ist *nostalgie de la boue*, und man kann es sich überall, auch im Exil, gemütlich machen. Ubi bene, ibi patria. Die Entdeckung, daß wir keine Bäume sind, verlangt vom Vertriebenen, den Lockungen des Schlamms immer wieder zu widerstehen. Vertrieben zu bleiben, und das heißt: sich immer erneut vertreiben zu lassen.

Dies stellt selbstredend die Frage nach der Freiheit. Die Entdeckung der menschlichen Würde als Wurzellosigkeit scheint die Freiheit auf das Recht zu gehen und zu kommen zu reduzieren. Auf das Wehen des Geistes. Tatsächlich aber stellt sich die Frage nach der Freiheit jetzt als die Frage, ob es möglich ist, sich vertreiben lassen zu wollen. Ob zwischen «lassen» und «wollen» nicht ein Widerspruch ist, ob es tunlich ist, das Schicksal zu wollen. Eine bekannte Frage. Aber sie stellt sich für den Vertriebenen nicht theoretisch, etwa als Dialektik zwischen Determination und Freiheit, sondern sie stellt sich praktisch. Die erste Vertreibung wurde erlitten. Sie hat sich als produktiv erwiesen. Und dann beginnt das Exil zur Gewohnheit zu werden. Soll man sich, gleich Münchhausen, aus dieser Gewohnheit an den eigenen Haaren herauszuziehen versuchen oder soll man eine neue Vertreibung provozieren? So stellt sich die Frage nach der Freiheit nicht als Frage, zu gehen und zu kommen, sondern fremd zu bleiben. Anders als die anderen.

Ich sagte eingangs, Schaffen sei synonym mit Datenprozessierung. Ich meinte damit, daß das Erzeugen neuer Informationen (das Schaffen) auf Synthese vorangegangener Informationen beruhe. Eine solche Synthese besteht aus einem Austausch von Informationen, so wie diese in einem einzelnen Gedächtnis oder in verschiedenen Gedächtnissen lagern. Man kann daher beim Schaffen von einem dialogischen Prozeß sprechen, wobei es entweder um einen «inneren» oder «äußeren» Dialog geht. Die Ankunft des Vertriebenen im Exil ruft «äußere» Dialoge hervor, und es entsteht, spontan, um den Vertriebenen herum ein geradezu emsiges Schaffen. Er ist Katalysator für Synthesen neuer Informationen. Wird er sich jedoch seiner Wurzellosigkeit als seiner Würde bewußt, dann entsteht in ihm ein «innerer» Dialog, nämlich ein Austausch zwischen seinen mitgebrachten Informationen und dem Ozean der Informationswellen, die ihn im Exil umspülen. Es geht dann um schöpferische Sinngebung sowohl dem Mitgebrachten wie dem ihn jetzt umgebenden Chaos gegenüber. Wenn derartige «äußere» und «innere» Dialoge aufeinander abgestimmt werden, wird nicht nur die Welt, sondern werden die Ureinwohner und der Vertriebene selbst schöpferisch verändert. Das meinte ich, als ich sagte, Freiheit sei für den Vertriebenen, daß er fremd bleibe, anders als die anderen. Es ist die Freiheit, sich selbst und die anderen zu ändern.

Der Vertriebene ist der andere der anderen. Das heißt, er ist für die anderen anders, und die anderen sind anders für ihn. Er selbst ist nichts als der andere der anderen, und nur so kann er sich «identifizieren». Und seine Ankunft im Exil läßt die Ureinwohner entdecken, daß auch sie sich nur in Bezug auf ihn «identifizieren» können. Es entsteht, bei seiner Ankunft im Exil, ein Aufknacken des «Selbst» und ein Öffnen hin zum anderen. Ein Mitsein. Diese dialogische Stimmung, die das Exil kennzeichnet, ist nicht notwendigerweise ein gegenseitiges Anerkennen, sondern sie ist meist polemisch (um nicht zu sagen mörderisch). Denn der Vertriebene bedroht die «Eigenart» des Ureinwohners, er stellt sie durch seine Fremdheit in Frage. Aber selbst so ein polemischer Dialog ist schöpferisch, denn auch er führt zur Synthese neuer Informationen. Das Exil, wie immer es auch geartet sein möge, ist die Brutstätte für schöpferische Taten, für das Neue.

Anhang

Brief an Linda Reisch und Peter Glotz

Liebe Freunde, ich habe eben das schöne Buch «Die deutsche Rechte» gelesen und will sofort darauf reagieren. Schon weil mir dies erlaubt, die unglückselige Arafat-Diskussion bei Ihnen in den gebührenden Kontext zu stellen. Aber zuvor eine Bemerkung: Wie Sie vielleicht wissen, interessiere ich mich für die Kulturszene von einem sagen wir «kommunikologischen» Standpunkt. Zwei Dinge scheinen mir für die gegenwärtige Lage von entscheidender Bedeutung: (1) Informationen werden direkt an den Verbraucher gerichtet und müssen nicht mehr im öffentlichen Raum ausgestellt und von dort abgeholt werden. (2) Entscheidungen können in Dezideme zerlegt werden und daher von Maschinen getroffen werden, welche von Systemanalytikern gefüttert werden. Beide Dinge lassen auf eine Überholung des gegenwärtigen Politik-Begriffs schließen. Denn sie stellen den öffentlichen Raum (Polis) und die Macht (Kratos) in Frage. Das kommt überraschenderweise in Ihrem Buch nicht zu Wort, und es wird dort argumentiert, als ob das Problem der Verschiebung der Entscheidung vom Marktplatz in unpersönliche Apparate gar nicht bestünde.

Das aber verhindert nicht, daß ich die von Ihnen geschilderte Bühne mit den dort sich abspielenden Agonien mit Spannung betrachten könnte. Obwohl ich die Namen der meisten von Ihnen erwähnten Personen nicht kenne, geht es eben um «Personen», das heißt Masken, durch die hindurch sich irgend etwas ausdrückt. Und wie jedes Theater ist die von Ihnen geschilderte politische Szene nicht nur eine Fiktion, sondern konkrete Gewalten werden darin ersichtlich. Das ist ja, was an der Politik (und am Theater überhaupt) mitreißt: Man weiß zwar, die Schauspieler tun nur so als ob, aber durch sie hindurch rollt die Geschichte. Und Ihr Buch zeigt einleuchtend eine dieser rollenden Gewalten: den Nationalismus. Nicht (wie üblich) werden hinter den Masken der Politiker die Entscheidungszentren «aufgedeckt», also die wirtschaftlichen Interessen, sondern Sie zeigen, wie Ideologien (also Unvernunft) verheerend weiterwirken. Darauf will ich eingehen.

Sie sagen irgendwo in Ihrem Buch, man müsse den Gegner nuancieren. Nationalismus ist, wie Sie zeigen, unser Gegner (obwohl ich zu zeigen versuchen werde, daß er nicht unser Antagonist ist). Man muß also zwischen verschiedenen Nationalismen, und daher zuerst einmal zwischen verschiedenen Formen von «Nation» unterscheiden. Selbstredend, «Nation» ist eine künstliche, absichtlich hergestellte zwischenmenschliche Bindung, aber das ist kein Argument gegen den Nationalismus. Überhaupt alle zwischenmenschlichen Beziehungen sind künstlich (kulturell), und nicht einmal die «Mutter-Kind»-Relation ist genetisch vorprogrammiert, sondern nur als Anlage vorgezeichnet. Zum Beispiel ist die okzidentale Familienstruktur eine spät-neolithische «Erfindung», was sie nicht hindert, uns sehr fundamental zu binden (siehe Freud usw.). Also, daß es keine Nation «gibt», sondern daß jede Nation «gemacht ist», ist noch kein Argument gegen den Nationalismus.

Dagegen ist die Tatsache, daß «Nation» eine relativ junge Erfindung ist, der man die dahinterstehende Absicht noch ansieht, als Argument gegen den Nationalismus verwendbar. Sie ist wahrscheinlich als Alternative für einen dynastischen Gesellschaftsbegriff im Frankreich des ausgehenden 17. Jahrhunderts erstmals im modernen Sinn angewandt worden. Die Absicht dahinter war wohl, der bürgerlichen Revolution eine Denkkategorie zu bieten und (so würde ein Marxist argumentieren) im vierten Stand ein «falsches Bewußtsein, nämlich das Nationalbewußtsein» zu programmieren. Also lautet das Argument gegen den Nationalismus: «Nation» ist ein bürgerlicher Begriff, der in der französischen Revolution eine Funktion hatte und der gegenwärtig unoperativ ist. Nur: Sie lassen in Ihrem Buch erkennen, daß vernünftige Argumente, wenn gegen Unvernunft angewandt, selbst unvernünftig werden (obwohl Sie selbst in Ihrer Diskussion mit Schönhuber das zu vergessen scheinen).

Ihr Buch handelt vom deutschen Nationalismus. Zur Frage steht, was mit dem Begriff «deutsches Volk» gemeint ist. Vor allem wohl eine sprachliche Gemeinschaft, aber das hat einen Haken. Die deutsche (und italienische) Sprache ist ein immer wieder neu künstlich herzustellender Code und droht immer wieder zu zerbröckeln. Die deutsche ist eine Papiersprache (schon seit dem sogenannten «Mittelhochdeutsch»), und also ist das «deutsche Volk» (ebenso wie das Wort «Volk» selbst) eine papierene Sache. (Mit dem *dolce stil nuovo* ist das ähnlich.) Dieses Papierene mag erklären, warum dem deutschen Nationalismus so viel falsch Biologisches (Blut, Boden, Rasse, Ökologie usw.) anhaftet: um zu überkompensieren. Die deutschen Wälder sollen grünen, weil man aus ihnen das Papier herstellt, aus dem das deutsche Volk zusammengeklebt wird. Es ist diese Hexenküche, gegen die Sie ausziehen.

Ihr Buch geht jedoch weit über die deutsche Szene hinaus in andere Gefilde. Ich will drei extra-germanische Nationalismenbeispiele anführen: (1) Brasilien, (2) Juden, (3) Palästinenser. Vorher ein Wort der Warnung, den Begriff «Nationalstaat» betreffend. Von Frankreich aus (wo die Nation überhaupt herkommt) ist jeder Staat ein Nationalstaat, weil ja «Nation» statt «König» dasteht. Es ist ein Unsinn (ein Pleonasmus), von einem *état national* zu sprechen. Von Deutschland aus (wo «das Volk» herkommt) gibt es drei Staatstypen: (1) ein Volk, ein Reich und womöglich ein Führer, (2) ein Volk und einige Reiche, (3) ein Reich und darin einige Völker. Ihre «Rechte» ist ordnungsliebend und daher für (1), während wir beiden k.u.k.-Erben eher für (3) sind, aber das können wir Brasilianern und Palästinensern (die ja nicht deutsch denken) nur schwer erklären. Arafat ist für *Svejkovina (poslusne hlàsim)* * wahrscheinlich nicht zu haben.

(1) Sie haben ein Problem mit Populismus (ob er «rechts» oder «links» ist?). In Brasilien ist er ganz einfach Anti-nationalismus (*naçâo* versus *povo*). Wer von der brasilia-

* Schwejkiaden («melde gehorsamst»)

nischen Nation spricht, meint, man müsse sie erst erzeugen, etwa aus Negern, Portugiesen, Italienern, Japanern, Syrern, um dann in die Geschichte ausbrechen zu können. Zu diesem Zweck der Nationserzeugung baut man Sachen wie Brasilia und die Amazonenstraßen. Wer von *povo unido nâo pode ser vencido* spricht, meint, man müsse alle Brasilias, Straßen und Ausbrüche in die Geschichte wegfegen, und statt dessen (vielleicht mit Hilfe von Dominikanern) im *sertâo* schwarze Bohnen pflanzen (die, wie man allerdings weiß, nicht angehen).

(2) Ich bin ein Jud, daher lesen Sie mit Reserve: Juden sind eine enge Gemeinschaft, weil sie von Angreifern eng zusammengepfercht werden. Warum sie seit eh und je angegriffen werden, ist eine nur unbequem zu beantwortende Frage. Seit dem 19. Jahrhundert spricht man von einem jüdischen «Volk», und das ist eine Erleichterung: Völker sind doch nicht so eng gepfercht wie Juden? Also sind die Zionisten Assimilanten: Wir wollen ein Volk sein, damit wir nicht mehr wie früher so eng beisammen sein müssen. Das ist eigentlich das Gegenteil von Nationalismus. Und daher sind die «Schwarzen Juden» Antizionisten. Aber es gibt im Zionismus noch eine andere, «jüdischere» Komponente: Ein «Judenstaat» soll eben kein Staat sein, mit noch einer Fahne und noch einem Steuersystem, sondern er soll ein Modell sein (*or goyim* = Licht der Völker). Das ist gescheitert. Nicht, weil der Judenstaat weder die europäischen noch die arabischen Juden retten konnte (weder Auschwitz noch Tlemncen verhüten konnte), sondern weil er ein Nationalstaat wurde, hat er jedes Interesse verloren. Ich bin überzeugt, Menschenwürde ist der Versuch, seine Bedingung zu überwinden. Ich muß mein Judentum überwinden, auf «höhere Ebene» sublimieren. Aber das jüdische Volk muß ich nicht überwinden: Es ist eine Fiktion, an der ich keinen Anteil habe.

(3) Die Juden haben sich beim Judenstaatbau auf Jerusalem kapriziert, weil ich mich schon als Bub meinem großväterlichen Satz gegenübersah: «Kinderchen, das nächste Jahr in Jerusalem» (was kein sehr guter Grund ist). In Jerusalem gab es neben dem Judenviertel ein armenisches (mit dem

Heiligen Grab) und ein mohammedanisches (größtenteils türkisches) mit der Omarmoschee, also nicht einfach. Erschwerend kam hinzu, daß sich die Engländer und Franzosen nach dem ersten Krieg entschlossen, die Araber (ähnlich wie Afrika) in «Völker» aufzuteilen. Hier bedeutet «Volk» etwa: eine von England und Frankreich aus manipulierbare Einheit. Auf dieses Spiel haben sich die Juden leider nicht eingelassen, sondern sie haben dummerweise geglaubt, die Araber würden sich mit ihnen gegen die Imperialisten verbünden. So ein Irrtum führte zu syrischem, irakischem (dem gefährlichsten), saudischem, jordanischem, palästinensischem Nationalismus usw. (Der ägyptische, weil teilweise koptisch, ist etwas anders.) Damit kann man nicht leben, ohne ständig in Waffen zu stehen. Und da der Judenstaat als Experiment mißlungen ist, muß man wohl an seine Auflösung denken. Sonst nämlich wird man entweder zu einer Art Palästinenser, oder (die wahrscheinlichere Alternative) es kommt zu einem irakischen Typ von Pogrom.

Ich fasse zusammen: Nationalismus ist ein Gespenst, das in verschiedenen Gestalten aus dem Abgrund taucht, der sich beim Zusammenbruch der politischen Vernunft *(raison d' état)* öffnet, und es ist ihm mit der Vernunft nicht beizukommen. Zu hoffen ist, daß die politische Vernunft einer anderen weicht (etwa der kalkulatorisch-komputatorischen), und daß alle Kategorien wie Nation, Klasse oder Religion davon weggeräumt werden. Sie haben mir in Ihrem Buch gezeigt, wieviel Nobles verloren geht, wenn die politische Vernunft von einer anderen ersetzt wird. Danke.

Vilém Flusser im Gespräch mit Patrik Tschudin

Patrik Tschudin: Üblicherweise wird ein Interviewgast charakterisiert, indem ihn der Frager anhand seiner Biographie vorstellt. In diesem Fall möchte ich auf dieses Verfahren verzichten und Sie, Vilém Flusser, selbst fragen, wie denn Ihre Antwort auf die Frage nach Ihrer Biographie aussähe...

Vilém Flusser: Ich würde auf zwei Seiten ausweichen. Die eine ist methodologisch. Es hat mich immer gestört, daß man die Lebensdauer von Menschen objektiv mißt in Jahrzehnten, Jahren, Monaten. Ich glaube, das ist ein Maßstab, der für das Erleben und das Erleiden völlig ungeeignet ist. Es gibt Abschnitte, die sehr intensiv sind, die voller Erlebnisse sind, und es gibt andere, die ziemlich öde verlaufen. Wenn man das in einen Computer füttern würde, würden ganz seltsame Kurven herauskommen, und ich glaube nach diesen Kurven müßte man eigentlich Biographien schreiben. Ich habe irgendwo gelesen – Sie werden es mir bestätigen –, daß man zwei Drittel seines Lebens hinter sich hat, wenn man auf die Welt kommt, daß man im Mutterleib zwei Drittel der Erlebnisse des ganzen Lebens schon hat, daß dann im Alter die Sache gewöhnlich absackt, so daß die letzten zwanzig Jahre den ersten zwei Jahren entsprechen. Ich glaube aber, es ist eine Aufgabe des Menschen, gegen diese biologisch bedingte Lebensform anzukämpfen. Ich versuche zumindest, auch mit meiner Frau, in unserem Alter ein noch immer intensives Leben zu führen, so daß wir noch immer, wenn man uns in Erlebnisintensitäten und Erlebnisquantitäten messen würde, auf einem ziemlich hohen Lebensniveau stehen. Eine methodologische Schwierigkeit, denn: Wie kann man Erlebnisse messen? Ich werfe das Problem auf und habe keine Antwort.

Zweite Ausweichung auf Ihre Frage: Ich bin überzeugt davon, daß der Begriff des Ich, des Selbst, der Identität ideologisch ist und aufzugeben ist. Schon aus logischen Gründen. Wenn ich etwas identifiziere, dann tue ich es in Differenz zu etwas anderem. Mit anderen Worten, wenn ich mich identifiziere, dann identifiziere ich mich im Verhältnis zu jemand anderem. Existentialanalytisch gesprochen: «Ich» ist ganz einfach das, wozu von jemand anderem «Du» gesagt wird. Psychoanalytisch gesprochen: «Ich» ist die Spitze eines Eisbergs, der im Unbewußten schwimmt, und das Unbewußte ist ja nicht individuell. Neurophysiologisch gesprochen: Was ich mit «Ich» bezeichne, ist eine Komputation seitens des Zentralnervensystems, das aus ankommenden Reizen, sei es aus der Umwelt, sei es aus dem Inneren, ein «Ich»-Bewußtsein komputiert. Kurz, eine Biographie kann nicht von irgendeinem «Ich» handeln. Und wer seine eigene Biographie schildert, der hat überhaupt nicht gelebt, sondern ich glaube, eine Biographie besteht im Aufzählen der Vernetzungen, durch die irgendwelcher Erlebnisstrom gelaufen ist. Wenn ich auf mein Leben zurückblicke – was ich sehr ungern tue, denn ich schaue lieber nach vorne –, aber wenn ich auf mein Leben zurückblicke, dann finde ich gar keine Identität. Ich glaube nicht, daß irgend etwas gemeinsam ist zwischen mir, der jetzt mit Ihnen redet und mit Ihnen verkettet ist und in diesem Moment in Funktion von Patrik Tschudin existiert, daß dieser irgend etwas gemeinsam hat mit dem Lausbuben aus Prag. So, das sind die beiden Ausreden. Jetzt können Sie mich weiterfragen.

Patrik Tschudin: Sie haben Prag erwähnt. Sie sind 1920 in Prag zur Welt gekommen.

Vilém Flusser: Wissen Sie, ich war vor drei Wochen in Prag, oder vor vier Wochen. Ich war überrascht von zwei Dingen. Erstens, daß die Stadt tatsächlich so unglaublich prachtvoll ist, wie ich sie in Erinnerung hatte. Die Erinnerung verzaubert doch die Dinge und verschönert sie, aber in diesem Fall war es nicht so, sondern Prag ist tatsächlich von einer unvergleichlichen Schönheit. Man darf es eigentlich nicht, da man doch dort geboren ist und da man weiß, daß das ein schlechter Ausgangspunkt für irgendeine ästhetische Kritik ist, trotzdem muß ich zugeben, ich kenne nur eine einzige Stadt, die an Pracht mit Prag vergleichbar ist, und das ist Venedig. Aber selbst indem ich das sage, bin ich mir dessen bewußt, daß Venedig eine Kleinstadt ist und Prag, trotzdem es relativ wenig Einwohner hat, ist eine kaiserliche Stadt.

Also ich war dort. Und wie ich durch die Straßen gegangen bin – ich habe alles erkannt. Es war mir nichts fremd, aber ich habe mich nicht wiedererkannt. In diesem Sinne habe ich die 19 oder 20 Jahre, die ich in Prag verlebt habe und die doch für mich sehr wichtig waren, für meine Formation, verloren. Es kommt vielleicht daher, daß es keine Juden mehr in Prag gibt und keine Deutschen. Aber wenn man Prag von Juden und Deutschen säubert – von Juden seitens der Säuberungsaktion der Deutschen, und dann von Deutschen seitens der Säuberungsaktion was weiß ich wessen –, also wenn man das getan hat, dann bleibt nur sozusagen eine Kulisse. Aber auch das stimmt nicht, denn die Leute haben mich außerordentlich freundlich empfangen und haben mich beim Schlawittchen gepackt, und obwohl ich nur 3 Tage dort war, haben sie mich in etwas geführt, das heißt «Haus der Fotografie», und ich habe aus dem Stegreif einen tschechischen Vortrag dort gehalten.

Tschechisch, wissen Sie, ist meine Muttersprache. Ich habe es einundfünfzig Jahre nicht gesprochen und kein gedrucktes Wort gesehen. Man sagt, es gäbe im Gehirn zwei verschiedene Funktionen von Sprachprozessierung: die strukturelle und die lexikale. Die strukturelle ist viel tiefer eingetragen als die lexikale. Das heißt, ich habe grammatikalisch richtig gesprochen, habe aber keine Worte zur Verfügung gehabt. Und plötzlich ruft meine Frau: «Paß auf, Du sprichst ja Portugiesisch!» Ich bin aus dem Tschechischen ins Portugiesische gerutscht, während des Vortrages, ohne mir dessen bewußt geworden zu sein, weil das Portugiesische wahrscheinlich an dieselbe Stelle geschlüpft ist, an der in meinem Gehirn Tschechisch gelagert war, weil ja Portugiesisch jetzt sozusagen meine Muttersprache geworden ist.

Warum sage ich Ihnen das? Weil ich über Biographie spreche und weil ich damit sagen wollte, obwohl mir die Stadt bekannt ist und obwohl sie mir zugleich völlig leer und fremd ist, haben mich die Leute – aus Mißverständnis ihrerseits – sehr gut empfangen und wollen mich kapern, wissen Sie. Ich weiß ja genau, daß das eine Rekuperationstaktik ist. Die Leute möchten gern jemanden haben, der viele Jahre draußen war und jetzt irgendwie wiederkommt. Und so bin ich dann im November eingeladen, dort einige Vorträge zu halten auf dem Masaryk-Quai – nomen est omen. Von einigen tschechischen Stellen bin ich dort eingeladen, aber es bezahlt das Goethe-Institut, was ein Beweis dafür ist, daß die Tschechen kein Geld haben.

Patrik Tschudin: Sie haben Portugiesisch erwähnt. Sie sind ja 1939 von Prag über London, wo Sie ein Jahr – ein wichtiges Jahr für Sie ...

Vilém Flusser: Richtig, ein sehr wichtiges Jahr. Ich bin mit der angelsächsischen Kultur in Berührung gekommen und bin seither von ihr infiziert. Und zwar nicht nur von der Großartigkeit der Sprache. Wissen Sie, Englisch ist wahrscheinlich der größte Triumph des menschlichen Geistes. Wenn Sie wollen, kann ich Ihnen meine Argumente zugunsten dieser Behauptung anführen, soll ich das tun?

Patrik Tschudin: Vielleicht später.

Vilém Flusser: Also gut, Sie sind ja der Zar! Erstens war ich begeistert von der Sprache. Ich habe sie nie total beherrscht. Ich schreibe sie ganz anständig, und alles, was ich rede, ist mit einem tschechischen Akzent. Das erinnert mich an den Witz, wo schließlich jemand sagt, «wissen Sie, er kann 20 Sprachen. Das imponiert mir nicht. Ich kann selbst in 25 Sprachen jiddeln». Ich jiddel zwar nicht, aber ich habe einen tschechischen Akzent, und den habe ich überall. Der zweite Grund war die «tournure»! Nicht nur die «tournure de phrase», sondern die «tournure de pensée», die ja das angelsächsische Denken charakterisiert, ist in mich eingedrungen, und ich versuche meinen Stil dieser Klarheit, Anständigkeit und dabei Gründlichkeit des Englischen anzupassen... Dann kam ich mit der englischen Philosophie direkt in Berührung, Hume zum Beispiel. Das ist ein solches Vergnügen! Obwohl ich gewußt habe, daß die Deutschen sich schon die Zähne wetzen, die Öfen aufzustellen, das ist eine der Sachen, die sie mir doch nicht verdorben haben, dieses Vergnügen, zum Beispiel Hume zu entdecken, und auch die gegenwärtigen, zum Beispiel Russell. Darum war das Jahr in England wichtig.

Ich wollte mich zur tschechischen Armee melden, aber ich bin blind auf einem Auge – das andere hat damals noch funktioniert – und man hat mich in der Armee abgelehnt. Ich habe mich dadurch ernährt, daß ich Jazz-Texte geschrieben habe, Texte für Jazz-Lieder, man hat mir zehn Schilling pro Text gegeben, und von zwanzig hat man immer nur einen akzeptiert, da konnte ich nicht sehr gut von diesen zehn Schilling leben. Damals waren zehn Schilling ein halbes Pfund. Also haben wir versucht, irgendwohin auszuwandern, meine Frau und ich. Wir waren damals noch nicht verheiratet. Und überall hat man uns natürlich den Weg versperrt, weil wir Juden waren. Aber der brasilianische Konsul war korrupt und hat sich durch relativ wenig Geld bestechen lassen, uns trotzdem ein brasilianisches Visum zu geben. So sind wir nach Brasilien ausgewandert und waren dort 32 Jahre lang. Dafür verdient man eigentlich eine Tapferkeitsmedaille.

Patrik Tschudin: Sie haben in São Paulo gelebt. Sie haben dort studiert. Sie waren dort Dozent.

Vilém Flusser: Das alles stimmt. Ich war dort sogar ordentlicher Professor. Aber das können Sie auch streichen, wenn Sie wollen, ja.

Patrik Tschudin: Ordentlicher Professor für Philosophie.

Vilém Flusser: Für – ja, ich kann es nicht leugnen – für Kommunikationsphilosophie. Ursprünglich war ich Dozent für Wissenschaftsphilosophie, und zwar gleichzeitig an der Philosophischen Fakultät und an der Polytechnik, weil ich immer der Meinung war, daß die Technik das Menschliche ist und daß wir in den Technikern unsere großen Menschen haben, angefangen von den Erfindern des Faustkeils bis zu den Erfindern der Computer. Ich habe mir immer gedacht, die Techniker sollten philosophisch und nicht so idiotisch herumreden, und da habe ich also über Wissenschaftsphilosophie in der Polytechnik vorgelesen, und das war ein Malheur, weil der große Saal der Universität nicht mehr genügt hat, denn die Leute wollten ja was von der Philosophie erfahren. Da kamen Tausende, und ich war wie ein Löwe im Käfig. Das einzige, was ich machen konnte, war, mich auf die Beine irgendeines hübschen Mädchens zu fixieren, um irgendwie einen Kontakt mit dieser grauen Masse zu haben, die da vor mir gestanden hat.

Ich habe die Wissenschaft immer als einen Diskurs angesehen, also als eine Kommunikationsform, und bin davon ausgehend zur Kommunikation gekommen. Es war mir deutlich, daß die Wissenschaft mit Kunst sehr viel zu tun hat, und so bin ich mit der Zeit immer mehr in die Künste abgeglitten. Das war ein Zeichen von Alter. Anständige Menschen interessieren sich für Mathematik, und wenn sie alt werden, dann beginnen sie sich für Kunst zu interessieren. Das war auch mein Fall. So bin ich dann in die Biennale hereingerückt und in solche Dummheiten wie Fotografie und Video und so weiter.

Patrik Tschudin: Sie sagen, daß Sie sich für Kommunikation interessiert haben. In einem Ihrer jüngeren Aufsätze lese ich den in diesem Sinne wahrscheinlich zentralen Satz von Ihnen: «Wenn wir uns selbst als Funktion aller anderen erkennen und alle anderen als unsere eigene Funktion, dann wird Verantwortung jenen Stellenwert einnehmen müssen, der bisher von individueller Freiheit besetzt ist.» Könnten Sie mir das erläutern: «Ich» als Funktion aller anderen und alle anderen als Funktion von mir?

Vilém Flusser: Ich würde ausgehen von dem Problem der Freiheit. Es ist ja nicht deutlich, was die Leute meinen, wenn sie von «Freiheit» reden. Meinen sie, daß sie trotz Bedingungen etwas machen können, daß sie in einem gewissen Grade unbedingt sind? Meinen sie, daß sie in einer Welt des Zufalls, also einer Welt, die nicht absehbar ist, trotzdem etwas absehen können? Denn Freiheit ohne Absicht hat doch keinen großen Sinn. Ich habe den starken Verdacht, daß das Wort «Freiheit» außerordentlich überschätzt wird. Es ist nämlich das Synonym von «Sünde». Was im Mittelalter «Sünde» genannt wurde, wurde in der Neuzeit «Freiheit» genannt, nämlich die Möglichkeit, sich gegen das Schicksal zu stemmen. Und ich bin mir nicht ganz so sicher, ob hinter diesem demagogischen Wort viel steckt. Aber hinter dem Wort «Verantwortung» steckt sehr viel: wenn ich einem anderen Frage und Antwort stehe, mich ihm gegenüber öffne und mich dabei selbst vergesse, diese Selbstvergessenheit mit dem anderen in einer Sache, denn man verliert sich ja nicht «im» anderen, man spricht ja nicht «mit» einem anderen, man spricht mit einem anderen «über» etwas. Wenn man in dieses verantwortliche Verhältnis tritt, dann verliert man sich mit dem anderen in der Sache, und das ist eine schöpferische Situation. Die Wissenschaft besteht daraus! Die Wissenschaft ist ein Dialog, bei dem sich die Leute in der Sache verlieren. Schauen Sie sich die Gespräche des Galilei an! Schauen Sie sich auch die Gespräche Platons an! Dann geschieht etwas, was vielleicht mit Freiheit gemeint ist, nämlich schöpferisches Engagement! Ich würde dem Wort «Verantwortung» den Stellenwert geben, der im 19. Jahrhundert dem Begriff «Freiheit» gegeben wurde.

Patrik Tschudin: Wo sehen Sie in Ihrer Biographie – «Biographie» im herkömmlichen Sinne – Hinweise, oder Beweise, für die Richtigkeit Ihrer These, daß das «Ich» eine Funktion der «anderen» ist und umgekehrt?

Vilém Flusser: Das ist eine gute Frage. Es ist ja nicht meine These, und das will ich Ihnen an meiner Biographie zeigen. Ich war ein Bub von vielleicht 17, 18 Jahren, da kam der

Buber nach Prag. Das hat bei mir einen unglaublichen Eindruck hinterlassen. Schon dieser große schwarze Bart und diese starke Gestalt und dieser Blick! Das war ein Blick eines Sehers! Und er sprach nicht über das dialogische Leben, sondern über das Vorurteil gegen Gott. Er hat das fabelhaft gesagt. In diesem seinem Vortrag wurde mir deutlich, was Buber mit dem «Ich und Du» meint, was er mit dem dialogischen Leben meint. Und so habe ich Einsicht gewonnen in die jüdisch-christliche Weisheit, wonach Nächstenliebe der einzige Weg ist, um zu Gott zu kommen. Dank Buber habe ich auch das Bilderverbot im Judentum verstanden. Ob es im Islam die gleiche Wurzel hat, weiß ich nicht. Der Mensch ist das Ebenbild Gottes. Wenn ich das Antlitz des anderen sehe und mich dem Antlitz des anderen öffne, ist das die einzige Form, in der ich Gott ersehen kann. Wenn ich daneben andere Bilder mache, verstelle ich mir den Weg zum anderen und dadurch zum «ganz» Anderen. Von diesen zwei Seiten ist mir deutlich geworden, daß der Begriff des «Ich» nicht nur eine ideologische Verblendung ist, sondern im jüdisch-christlichen Sinn «die» Sünde. Die Sünde wider den Geist, würde vielleicht die Kirche sagen. Es gibt ein Gedicht von Angelus Silesius, aus dem «Cherubinischen Wandersmann», das hervorragend ausdrückt, was ich hier in schlechten Worten zu sagen versuche:

Ich weiß, daß ohne mich Gott nicht ein Nu kann leben.
Werd ich zunicht, Er muß vor Not den Geist aufgeben.

Sogar Gott ist nur, wenn ich zu ihm «Du» sage. Natürlich bin ich nur, wenn Gott zu mir «Du» sagt. Es klingt sehr rabbinisch.

Wir bleiben noch ein bißchen bei der Biographie. Ich habe einen Freund. Das ist ein großer Satz, den ich jetzt gesagt habe. Und dieser Mensch ist ein Techniker. Kein gewöhnlicher Techniker, denn nicht nur hat er einige der größten Dämme in Brasilien gebaut, zum Beispiel auch den größten, «Tres Marias», und solche schöne Sachen gemacht, sondern neben seinem technischen Engagement ist er auch ein sehr guter Spezialist für romantische englische Poesie und ein Wissenschaftsphilosoph. Wir sind sehr eng, seit dem Jahre '50 vielleicht, miteinander verbunden und im Gespräch. Er ist dafür verantwortlich, daß mir die noble Verachtung der Intellektuellen für Technik und Maschinen gründlich ausgetrieben worden ist. Er hat mir gezeigt, daß in den Maschinen die größten Werke des menschlichen Geistes zu sehen sind, daß man auf die Frage, welches der größte Triumph des menschlichen Geistes, sagen wir im 18. Jahrhundert, ist, antworten muß: «der Dampfkessel» oder solche Sachen. Er hat, kurz nach dem Krieg, als junger Ingenieur, eine Aufgabe zu lösen gehabt, die mit Bodenmechanik zu tun hatte. Und er hat das also ausgerechnet ... und kam damit nicht zurecht. Also fuhr er zu seinem Lehrer Casanova, einem sehr berühmten Mann, der in Harvard die «soil mechanics»* eingeführt hat. Er ist zu ihm gefahren und hat gesagt: «Ich kann mir nicht helfen, können Sie mir helfen?» Und der hat gesagt: «Ich nicht, aber sehen Sie mal, sehen Sie da auf den Hof. Da baut man einen Würfel. Wenn der fertig ist, werden alle ihre Probleme gelöst sein.» Der Würfel, den er ihm gezeigt hat, war der UNIVAC. Das war natürlich ein Riesenturm damals und hatte nicht die Kapazität eines Personal Computers von heute, aber trotzdem, es war die Lösung eines erkenntnistheoretischen Problems...

Wir erfinden Dinge aus Notwendigkeit. Wir brauchen etwas und deshalb erfinden wir es. Und dann kommen wir langsam darauf, daß wir etwas erfunden haben; daß wir gar nicht wußten, *was* wir erfinden. Entdeckung kommt nach der Erfindung. Wir entdecken in unseren Erfindungen.

Die Situation in der ersten Hälfte des 20. Jahrhunderts war folgendermaßen: Man hatte eine Methode erfunden, um Prozesse zu mathematischen Algorithmen zu artikulieren, und diese gewaltige Methode – ich werde simplifizieren – heißt Differentialgleichung. Dank Differentialgleichungen lassen sich alle Prozesse formal ausdrücken. Wenn es stimmt, daß Wissen Macht ist, dann hat diese Methode gestattet, daß wir allwissend werden und dadurch auch allmächtig. Denn wir können alle Prozesse – und die Welt wurde doch damals als ein Kontext von Prozessen angesehen –, wir können alle Prozesse mathematisch formalisie-

*Bodenmechanik

ren, und in dem Moment, wo wir sie formalisiert haben, können wir sie auch beherrschen. Wir sind allmächtig …

Aber nachdem Sie sie formalisiert haben, müssen Sie sie ja auch anwenden, Sie müssen das Wissen auch zur Macht bringen. Und um das zu machen, müssen Sie sie numerisieren, das heißt, Sie müssen aus dieser höheren Ebene wieder in die alte, in die untere – und das dauert lange. Und das bedeutet, daß das Wissen nichts wert ist. Der Zusammenbruch der Vernunft. Sie wissen, aber können nichts damit anfangen. Das war die Situation, in der Nazismus und Faschismus und alle diese Sachen entstanden sind. Nicht etwa, daß die Nazis gewußt haben, was ich jetzt sage, das waren natürlich Vollidioten, aber irgendwie im Inneren waren sie sich dessen bewußt.

Also, was mußte man tun? Man mußte schnell rechnen. Es war das ganze Interesse der ersten Hälfte des 20. Jahrhunderts, schnell zu rechnen! Sie müssen sich vorstellen, daß in den Ingenieurbüros Hunderte und Hunderte von jungen Ingenieuren saßen … und haben gerechnet und gerechnet und gerechnet und kamen auf keinen grünen Zweig. Das Zwingende, das Dringende waren schnelle Rechenmaschinen. Lassen Sie sich nicht einreden, daß man den Computer erfunden hat, um die deutschen Piloten abzuschießen über London, wie die Sage behauptet. Das war ein wichtiger Moment. Man mußte ja schneller rechnen, als die Piloten ausweichen. Man hat ja auf die Piloten geschossen, dorthin, wo sie sein werden, wenn sie ausweichen. Das war mit ein Element, aber der wirkliche Grund ist schon seit Anfang des 20. Jahrhunderts: Schnell-Rechen-Maschinen! Und das sind die Computer.

Und plötzlich ist man auf etwas gekommen, was der Computer kann und wovon man gar nicht gewußt hat. Er kann die Prozesse zurückführen auf Zahlen. Das heißt, er kann kalkulieren. Er kann die Prozesse in Steinchen – Calculi – zerlegen, aber er kann auch umgekehrt geschaltet werden und die Steinchen wieder zu Linien und Flächen und Körpern und bewegten Körpern zurückbringen. Er kann komputieren. Von dieser Überraschung, daß man aus Steinchen Welten aufbauen kann, davon haben wir uns nicht nur noch nicht erholt, sondern sie ist so kolossal, so kolossal!

Wissen Sie, ich bin neugierig. Zum Beispiel gibt es da Kongresse über virtuelle Räume und Cyberspace und Interface und wie die ganzen Blödheiten heißen. Man hat es noch nicht einmal verdaut, daß man das kann: Daß man aus sozusagen nichts – denn was ist denn ein Punkt, ein Punkt ist nichts, also nulldimensional –, daß man aus nichts alles machen kann. Kann ich einen Witz dazu erzählen? Es gibt drei Busenhaltermarken: Mussolini, Hitler und die Heilsarmee. Der Mussolini-Busenhalter macht aus nichts etwas. Der Hitler fesselt die Massen. Und die Heilsarmee hebt die Gesunkenen. Dieses Aus-nichts-etwas-machen, das tatsächlich kann der Computer, der Computer kann aus nulldimensionalen Punkten Welten machen…

Patrik Tschudin: Was bedeutet denn diese Fähigkeit des Computers für das Selbstverständnis des Menschen?

Vilém Flusser: Wir haben schon von dem Problem der Freiheit gesprochen. Es ist in der modernen Anthropologie sozusagen implizit, daß eine der höchsten Fähigkeiten des Menschen ist, Entscheidungen zu treffen. Ich glaube, die ganze politische Diskussion der Moderne seit Machiavelli dreht sich um die Frage der Entscheidungsfreiheit, aber auf eine seltsame Art und Weise, denn die Leute haben ja die sogenannte indirekte Demokratie eingeführt, und die besteht darin, daß sie jemanden wählen, das heißt, daß sie ihre Entscheidungsfreiheit an jemand anderen abgeben. Das ist eine ganz seltsame Sache. Es ist eigentlich eine Absage an die Freiheit, wenn Sie einen Abgeordneten abordnen und ihm sagen: «Bitte entscheide für mich!» Ich habe nie gewählt, weil ich es als eine unwürdige und direkt dreckige Sache angesehen habe, daß ich da jemanden, den ich kaum kenne, beauftrage, in meinem Namen zu entscheiden…

Bis zur Mitte des 20. Jahrhunderts hat man gedacht: «Das ist doch eine hohe Fähigkeit des Menschen zu entscheiden. Das ist doch die Würde des Menschen, daß er Entscheidungen trifft.» Aber es gibt Leute, die sich über solche Ideologien vernünftig den Kopf zerbrechen. Und unter diesen Leuten hat es einige gegeben, zum Beispiel erwähne ich den Namen Rupperport, die sich die Frage gestellt haben: «Kann man das formalisieren? Was heißt das, Entscheidungen treffen?»

Und da kommen Sie auf folgendes: Sie empfangen Informationen bezüglich eines Problems. Ein Problem ist ein Gegenstand. Das Wort «Problem» ist auf griechisch «Gegenstand». Warum wollen Sie das Problem lösen? Das ist schon die erste Frage. Weil es Ihnen den Weg verstellt, nicht? Sie stolpern dagegen. Und wohin gehen Sie denn? Zum Tod. Infolgedessen ist ein Problem etwas, was mich stört zu sterben. Das ist schon ein komischer Gedanke. Was mache ich? Ich empfange Informationen in bezug auf dieses Problem. Bitte lassen Sie mich nicht sagen, was eine «Information» heißt. Ich habe 30 Jahre darüber nachgedacht und ich kann Ihnen keine vernünftige Antwort auf diese Frage geben. Sie empfangen Informationen von diesem Problem. Unter diesen Informationen wählen Sie eine, und Sie haben sich entschieden. Das ist angeblich menschenwürdig. Wenn Sie sich das aber überlegen, so stellen Sie fest, daß Sie ja nie über alle Informationen verfügen, daß also schon die Tatsache, daß Sie nur über spezifische Informationen verfügen, Ihre Entscheidungsfreiheit hemmt. Zweitens: Sie kommen darauf, daß, wenn Sie eine Alternative wählen, Sie nie wissen können, ob Sie richtig gewählt haben, denn die anderen haben Sie alle verworfen. Um zu wissen, daß Sie richtig gewählt haben, müßten Sie alle Alternativen aufgenommen haben und sich dann für eine entschieden haben, aber das geht nicht. Sie haben alle verworfen und Sie wissen nie, ob Sie richtig gewählt haben. Und drittens: Nachdem Sie die Alternative gewählt haben, sich entschieden haben, faltet sich diese gewählte Alternative sofort in einen Fächer mit ungezählten neuen Alternativen aus, und Sie müssen wieder wählen. Und Sie müssen wieder alle mit Ausnahme der einen einzigen amputieren. Das heißt, wenn Sie sich entscheiden, dann müssen Sie sich ohne eine einzige Unterbrechung fortwährend bis zu Ihrem Tod entscheiden und wissen nie, ob Sie sich richtig entschieden haben. In diesem Sinne ist Entscheidungsfreiheit eine ausgesprochene Qual. Also müßte man das doch eigentlich an Maschinen abgeben können?! Und das geht. Sie machen sich einen Entscheidungsbaum. Sie malen sich auf, wie diese verschiedenen Alternativen da hängen, die sich dann immer wieder, wie ich Ihnen gesagt habe, verzweigen. Und diesen Entscheidungsbaum füttern Sie in einen Computer. Worauf das hinausläuft, ist, daß Sie jede Entscheidung in sogenannte Dezideme zerlegen. Sie können die Entscheidungen so zerlegen, wie Sie alle übrigen psychischen Phänomene zerlegen. Das Individuum ist, genau wie das Atom, ja teilbar. «Individuum» ist, wie Sie wissen, die lateinische Übersetzung des griechischen Wortes «Atom». Wenn Sie die Entscheidungen analysieren, kommen Sie auf Elemente, die heißen Dezideme. Sie zerlegen eine Entscheidung in Dezideme, und eine Maschine entscheidet sich anders als ein Mensch. Die Maschine läuft alle Alternativen durch. Das schönste Beispiel sind ja die schachspielenden Maschinen. Sie laufen alle möglichen Züge durch, bis – nicht sehr weit, sagen wir 3, 4 Züge, ich kann nicht einmal einen Zug voraussehen –, dann ziehen sie, wählen den besten, nachdem sie alle ausprobiert haben, und wenn sich das dann wieder verbreitert, ziehen sie wieder. Die Maschinen kennen doch keine Verzweiflung. Denen ist das wurscht, ob sie sich gut oder schlecht entschieden haben, sie spielen.

Und jetzt kommt eine Sache: Alles was mechanisierbar ist, ist menschenunwürdig! Oder um das anders zu sagen: Man wird Mensch in dem Maß, in dem man herausfindet, was an einem mechanisierbar ist, und es an Maschinen abschiebt. Der Rest, der bleibt, der – vorläufig – nicht mechanisierbar ist, das ist das Menschwerdende. Und der gewordene Mensch ist dann der, der überhaupt nicht mehr mechanisierbar ist. Das können wir uns überhaupt nicht vorstellen.

Der Computer mechanisiert die Entscheidungsfreiheit. Wir müssen uns nicht mehr entscheiden, sondern wir können den Maschinen die Werte vorschreiben, nach denen sie sich zu entscheiden haben. Der Golfkrieg ist bereits so geführt worden, alle Entscheidungen im Golfkrieg sind bereits durch Maschinen getroffen worden. Das heißt, wir haben jetzt die Freiheit, dem Apparat nicht nur den Entscheidungsbaum und die Alternativen einzufüttern, sondern die Werte, nach denen er sich zu entscheiden hat. Und wie einigen wir uns auf die Werte? Wir kommen wieder zurück auf die Frage der Verantwortung, der Offenheit und der Vernetzung. Das wirklich Menschliche ist dann, daß wir gemeinsam mit anderen kompetenten Menschen und mit künstlichen Intelligenzen Werte ausarbeiten, die wir in Maschinen hineinfüttern, damit sie entscheiden. Wir sind über die Entscheidungsfreiheit hinausgekrochen, wenn ich das so ausdrücken darf. Der Computer hat eine neue Anthropologie zur Folge.

Patrik Tschudin: Ich möchte nochmals aus einem jüngeren Essay von Ihnen zitieren, und zwar aus «Digitaler Schein»: «Die meisten denken weiterhin fortschritts- und aufklärungsorientiert. Sie erleben, erkennen und werten die Welt weiterhin als eine Verkettung von Ursache und Wirkung und sie sind engagiert, diese Kausalketten zu brechen, um uns von der Notwendigkeit zu befreien. Ihr Bewußtsein ist also weiterhin linear, literarisch und buchstäblich, und nur die wenigen Menschen, die dieses Bewußtsein hinter sich gelassen haben und die Welt nicht mehr als Kausalkette, sondern als Zufallswurf erleben, erkennen und werten, die nicht mehr fortschrittlich und aufklärerisch, sondern futurologisch und systemanalytisch oder strukturell denken, erzeugen die Modelle, nach denen sich die Mehrzahl richtet. Zum Beispiel programmieren sie Werbung, Filme und politische Programme nach strukturellen Kriterien, ohne daß sich die Manipulierten davon Rechenschaft ablegen können.» Es geht hier um den Gegensatz zwischen formalem und historischem Bewußtsein. Könnten Sie mir diesen Gegensatz nochmals, in anderen Worten vielleicht, verdeutlichen?

Vilém Flusser: Wissen Sie, es gibt Momente, wo Sie einen Satz lesen bei jemandem, und plötzlich ist Ihre Weltsicht verändert. Das haben Sie sicher auch schon erlebt. Einer dieser Momente der Umkehr war, als ich den *Tractatus* aufgemacht habe. Der erste Satz im *Tractatus* lautet: «Die Welt ist alles, was der Fall ist.» Das hat mich kolossal aufgeregt, denn ich bin ja alt, und ich bin erzogen worden im prozessuellen Denken. Ich hätte doch immer gesagt: «Die Welt ist alles, was geschieht.» Ich habe doch den Hegel im Bauch und den Marx und wie jeder Bub in meiner Generation war ich doch natürlich Marxist. Und plötzlich lese ich bei einem Menschen diesen unglaublichen Satz: «Die Welt ist alles, was der Fall ist.» Und natürlich habe ich sofort an Würfel gedacht. Und ich glaube, das ist ganz im Geist von Wittgenstein …

Die ganze Einstellung ist anti-historisch. Die ganze Einstellung sagt: «Es ist ein Kontext da. Der Kontext ist geworfen worden. Und dieser Kontext hat eine Struktur, die zu analysieren ist.» Wenn Sie sich das überlegen, dann haben Sie plötzlich einen anderen Blick, nämlich einen strukturalen Blick, einen Blick von Verhältnissen, von Fäden. Die Dinge sind nicht mehr da, es gibt keine Dinge mehr, es gibt nur noch Sachverhalte, wie Wittgenstein sagt. Heidegger hat dafür ein hervorragendes Wort: «Bewandtnis». Wie sich die Verhältnisse, eines zum anderen, wenden. Dieses strukturale, vernetzte Bild ist in den Wissenschaften schon lange angelegt, aber es ist erst viel später ins Bewußtsein gedrungen, nämlich dank des ökologischen Denkens. Vergessen Sie all die blöden Grünen, sondern denken Sie an die wirklichen Ökologen! Da gibt es diesen Basler, Portmann, der erzählt folgende Geschichte: Es gibt bei Ihnen in der Schweiz eine wilde Kartoffel. Diese Kartoffel hat eine ganz spezifische Farbe, ein seltsames Violett. Und es gibt einen Schmetterling bei Ihnen, irgendwo im Berner Oberland. Dieser Schmetterling hat exakt dieselbe Farbe wie diese Kartoffel. Der Schmetterling nährt sich ausschließlich von dieser Kartoffel. Und die Kartoffel vermehrt sich ausschließlich dank des Schmetterlings. Das heißt, ich kann die beiden als einen einzigen Organismus ansehen, einen einzigen Sachverhalt, eine einzige Bewandtnis. Wobei ich sagen kann, die Kartoffel ist der Verdauungsapparat des Schmetterlings und der Schmetterling ist der Geschlechtsapparat der Kartoffel, und die beiden haben die gleiche Farbe. Nur, die Farbe der Kartoffel wird erreicht dank einer spezifischen chemischen Veränderung des Chlorophyll. Und die Farbe des Schmetterlings durch Plättchen auf den Flügeln dieses Schmetterlings, und die Plättchen sind so gebaut, daß sie das Licht brechen, und so entsteht das Violett. Das heißt, das gleiche Violett entsteht einmal dank einem chemischen Prozeß und einmal dank einem optischen Prozeß. Es geht um einen einzigen Organismus, der eine einzige Farbe hat und sich ins Ökosystem dank dieser Farbe einbaut, aber die Farbe ist Resultat einer Kongruenz oder Konfluenz zweier völlig verschiedener Prozesse, eines chemischen und eines optischen. Das hat mich zwei Dinge gelehrt. Erstens hat es mich gelehrt, die Welt ökologisch zu sehen, als eine Vernetzung. Und zweitens hat es mich gelehrt, Ehrfurcht vor der Komplexität zu haben. Die ist undurchsichtig.

Darwin sagt, die Giraffe hat einen langen Hals, damit sie die Palmenblätter fressen kann, die hoch sind. Andererseits sagt er, die Palmen wachsen so hoch hinauf, damit sie von Giraffen gefressen werden, und die Giraffen machen dann ihr Koko unter die Palme, und das befruchtet die Palme. Die Palmen wachsen wegen der Giraffen und die Giraffen wegen der Palme. Da ist doch etwas falsch. Vielleicht muß man da zu sehen beginnen – und damit bricht, glaube ich, die Politik zusammen. Das ist das Ende der Politik. Vielleicht spüren Sie das noch nicht, aber es ist das Ende der Politik, denn Sie sehen da ein gemeinsames Wachsen, gemeinsam wachsen Palme und Giraffe. Wozu? Zu nichts. Sie wachsen! So ist es. Das ist ein Ökosystem, und innerhalb dieses Ökosystems verhalten sich die Dinge so, und das meint der Wittgenstein, wenn er sagt, die Welt ist, was der Fall ist. Es ist der Fall, daß Giraffen unter Palmen lange Hälse haben, das ist der Fall.

Patrik Tschudin: Aber warum ist das das Ende der Politik?

Vilém Flusser: Weil die Politik sagt: «Damit ich eine würdige Palme bin, um meine Freiheit als Palme zu bewahren, muß ich das Kacken von den Giraffen provozieren.» Das ist die Grundlage der Politik: «Kack gefälligst!» Das hat aber gar keinen Sinn in dem Moment, wo ich strukturell oder systemanalytisch denke.

Es gibt rechte und linke Politik. Und ich werde sie Ihnen auf einen Nenner bringen. Die Rechten sagen: «Die Gesellschaft soll gut für den Menschen sein», und die Linke sagt: «Der Mensch soll gut für die Gesellschaft sein.» Und deswegen führen sie Kriege. Ich spreche von anständigen Rechten und Linken. Ein anständiger Rechter sagt, die Gesellschaft ist nur dann eine gute Gesellschaft, wenn sie fürs Individuum gut ist. Und der Linke sagt, die Würde des Menschen ist, für die Gesellschaft etwas zu bieten, ein Gutes. In dem Moment, wo Sie den Standpunkt einnehmen, den ich eingenommen habe, ist beides ein hanebüchener Blödsinn. Denn es gibt doch keine Gesellschaft ohne Menschen. Es kann also gar keine Gesellschaft geben, die gut für den Menschen ist, denn es gibt sie ja nicht! Und es gibt auch keinen Menschen ohne Gesellschaft. Infolgedessen kann der Mensch auch nicht gut für eine Gesellschaft sein, es gibt sie doch nicht. Das sind doch Abstraktionen, «Mensch» und «Gesellschaft». Was es gibt, ist eine zwischenmenschliche Beziehung, eine Vernetzung, ein intersubjektives Relationsfeld, aus dem ich auf der einen Seite die Gesellschaft extrapoliere und auf der anderen Seite den Menschen. Das sind beides vollkommene Abstraktionen. Infolgedessen gibt es nicht rechts und links! Infolgedessen gibt es auch keine Politik! Denn wenn ich mich um ein menschenwürdiges Dasein bemühe, dann geht es darum, die Struktur des zwischenmenschlichen Beziehungsfeldes zu manipulieren. Und das kann ich ja nur, wenn ich drinnen bin. Infolgedessen ist das ein nach-politisches, sagen wir telematisches Bild, das ich gewinne, und alles politische Engagement erscheint, von diesem Standpunkt aus, als Verblendung. Das ist viel zu verkürzt gesagt, aber Sie haben mir die Frage so gestellt, so gebe ich Ihnen die Antwort in abreviierter Form.

Es ist schwer, mit einem politisch engagierten Menschen darüber zu sprechen, denn er wird sagen: «Sie betrachten die Gesellschaft wie einen Ameisenhaufen. Sie stehen darüber und interessieren sich dafür, wo die Ameisen hin- und herlaufen.» Das ist ein richtiger Einwand. Was kann man darauf sagen? Die Antwort ist, «ja» darauf zu sagen, ja, man kann die Menschheit eben wie einen Ameisenhaufen betrachten, ohne dabei die menschliche Würde heruntergesetzt, sondern, im Gegenteil, gerade deshalb die menschliche Würde, nämlich das Für-den-anderen-da-sein, betont zu haben.

Es ist sehr schwer. Ich hatte jetzt in Israel einen unangenehmen Zusammenstoß mit einem griechischen Fotografen, der hat auf diesem Mißverständnis gefußt. Er hat gesagt: «Ihre Vergötterung von Zahlen, Ihre Vergötterung von Maschinen, Ihre Vergötterung von Computern läuft auf eine Verdinglichung und Verachtung des Menschen hinaus.» Wie kann man das aufrollen? Da müßte man doch bis auf den Grund gehen, von dem ich jetzt ein bißchen rede. Man müßte von Wittgenstein und über Wittgenstein zu Demokrit, von da wieder zurück auf die Mathematik. Man müßte dann zum Beispiel diesen die Geschichte zerstörenden Satz von Wittgenstein sagen, den ich immer wieder zitiere, und daher ist mir schon mies davon: «Es hat keinen Sinn zu sagen, daß eins und eins zwei ist, um zwei Uhr Nachmittag in Semipalatinsk.» Denn um einem dieses Transhistorische und Transtopische des formalen Denkens näherzubringen, muß man bis tief hinuntergehen, aber in dem Moment, wo Sie transgeographisch und transhistorisch denken – wie Sie ja müssen –, in dem Moment erscheint Ihnen das ganze Argument der Politiker sozusagen dem ähnlich, wie wenn Sie mit einem Magier sprechen würden …

Patrik Tschudin: Sie haben gestern gesagt, daß jeder anständige Mensch Anarchist sein muß.

Vilém Flusser: Das ist eine Art, vom Tod der Politik zu sprechen. An-archie heißt doch Un-Politik. Jeder anständige Mensch müßte es ablehnen, sich mit einem System oder mit ein, zwei Systemen zu identifizieren, und er müßte seine Würde darin sehen, zu verschiedenen Gelegenheiten an verschiedenen Systemen vorübergehend mitzuarbeiten.

Wissen Sie, wenn Sie das «Ich» als eine Zwiebel ansehen, die aus Relationen besteht, und Sie die Relationen abschälen, so bleibt da nichts übrig – jede dieser Schalen ist dann ein Engagement in einem System. Ich bin derjenige, der einen Pullover trägt, aber ich werde mich doch nicht deshalb an einem Pullover engagieren, sondern ich kann den Pullover ja wieder ausziehen. Das ist Anarchie, meiner Meinung nach. Ich engagiere mich an einem Syndikat für Volksschule, wenn ich ein Kind im Volksschulalter habe, aber sobald das Kind etwas älter wird, spucke ich auf die ganze Volksschulsache. Ich hab Ihnen gestern gesagt, ich stelle mir einen konfuzianischen Anarchismus vor; eine Anarchie, die auf Kompetenz aufgebaut ist, wo jede Gruppe eine Zusammenkunft von verschiedenen Kompetenzen ist. Immer wieder gehe ich auf das Schachspiel zurück, weil das so einfach ist. Es muß einen Schachclub geben, wo es Leute gibt, die kompetent für Schachspielen sind. Und in den Schachclub gehe ich, wenn ich Schach spielen will. Wenn ich nicht schachspielen will, werde ich doch nicht, so wie Dichter Körner, aus glühender Vaterlandsliebe im Feld sterben für das Schach, sondern ich werde mich einfach für das Schach nicht mehr interessieren. Wissen Sie, ich glaube, Patriotismus ist die größte Schweinerei. Ich komme gerade aus Israel und ich bin ein Jud.

Patrik Tschudin: Was denken Sie von all dem, was jetzt in Osteuropa und in der Sowjetunion vor sich geht? Das historische Denken manifestiert sich ja dort in Urform.

Vilém Flusser: Ja, aber in miserabler. Das historische Denken war doch ursprünglich etwas Nobles. Wenn Sie die Präsokratiker lesen, oder die Propheten, die die ersten Wortführer des historischen Denkens sind, das war doch eine große, noble Befreiung aus der Magie! Und dann, hauptsächlich dank Buchdruck und dank Schulzwang – die Schulpflicht ist etwas Furchtbares; wenn Sie wollen kann ich Ihnen sagen, warum ich so dagegen bin –, also dank diesen Dingen ist doch das historische Bewußtsein ordinär geworden. Und in diesem ordinären, vulgären, vermassten Sinn rasen jetzt diese Leute in Litauen und Rumänien und überall herum ...

Der Kommunismus war eine außerordentlich elegante Idee. Es war eigentlich eine anarchische Idee. Das Wort «Räterepublik» sagt es ja. Das war die Vorstellung, den Staat und die Autorität abzuschaffen – aufgrund einer meiner Meinung nach falschen Analyse der Werte; denn der Marxismus geht ja vom Standpunkt aus, daß die Werte aus der Arbeit kommen, während jetzt immer deutlicher wird, daß die Werte aus der Form kommen; also nicht der Arbeiter, sondern der Designer ist die Quelle der Werte. Obwohl der Ausgangspunkt ziemlich verfehlt war, er war ja 19. Jahrhundert, ist die Idee außerordentlich nobel. Es ist einer der schönsten Träume, den die Menschheit je geträumt hat. Und dann ist diese miserable Realisation – wie hat man das genannt? –, «realer Sozialismus» ist dann herausgekommen. Millionen von Menschen sind elendiglich daran zugrunde gegangen, und Menschen wurden in ihrer Würde ständig kastriert. Dennoch hat diese furchtbare Sache noch Fürchterlicheres zugedeckt, nämlich was wir aus dem 19. und Anfang des 20. Jahrhunderts aus dem Osten kennen. Ich will gar nicht über den Westen sprechen ... Ich habe unlängst gelesen, daß die Ukraine ein selbständiges Land wird. Abgesehen davon, daß die Ukraine ja nicht mehr ist, was sie ist – denn die Ukraine war ein orthodoxes Land und jetzt hat man ihr Galizien, also ein katholisches Land, dazugegeben – ganz abgesehen von diesem Problem, bedeutet die Ukraine doch etwas für mich! Sie bedeutet Hetman!* Sie bedeutet solche Leute wie Petlura!** Es gibt ein Gedicht – ich weiß schon nicht mehr von wem – «Petluras Hände». Er hat mit

*Gemeint ist wohl Hetman Skoropadskyi, dessen Regierung im November 1918 durch das «Direktorium» unter dem Sozialisten Petlura gestürzt wurde.

** Simon Petlura, ukrainischer Politiker, der die ukrainische Nationalbewegung anführte. Er befehligte die Kosakentruppen, die im Winter 1919 50000 ukrainische Juden massakrierten. Von den Bolschewisten aus der Ukraine verdrängt, ging er nach Paris, wo er 1916 von dem jiddischen Dichter Shalom Schwarzbard erschossen wurde, der mit dieser Tat die Verbrechen Petluras vor die Weltöffentlichkeit bringen wollte.

seinen eigenen Händen Leute erwürgt. Das war sein Privatsport. Diese ukrainische, faschistisch-orthodoxe, schwarze Reaktion steigt auf, sobald das Mäntelchen des unterdrükkenden Kommunismus abgezogen ist. Was ich, und ich bin ja nicht allein, in dem Osten aufkommen sehe, ist das Grauen des 19. Jahrhunderts, das Grauen der schwarzesten zaristischen Reaktion, des violenten slawophilen Antisemitismus eines Dostojewski. Diese Idee, daß an der orthodoxen Kirche die Menscheit genesen wird! Ich habe sehr große Angst davor. Jetzt zum Beispiel mit Kroatien, haben Sie sich überlegt, was «Kroatien» heißt? Wenn Sie sich an Ante Pavelic* erinnern, der die Augen seiner Feinde gesammelt hat. Ich weiß nicht, ob das zu dem paßt, was wir reden. Daß ich Angst habe, habe ich gesagt. Ich möchte nicht mit diesem Mißton enden, denn wir haben ja nicht mehr viel Zeit.

«Angst» ist nicht das Gefühl, das mein Denken und mein Schreiben bezeichnet, sondern im Gegenteil «Hoffnung»! Ich glaube, wir haben eine technische Schwelle erreicht, die uns erlaubt anders als bisher miteinander zu leben. Wir haben die technischen – unterschätzen Sie nicht die Technik! – wir haben die technischen Möglichkeiten, uns einander zu öffnen und miteinander über die Welt zu sprechen, um unserem Leben Sinn zu verleihen! Ich glaube, wir haben zum ersten Mal die technische Fähigkeit, Geographie und Geschichte zu überwinden und durch Kompetenzen verbunden zu sein, anstatt durch angeborene Bindungen. Und das macht mich außerordentlich begeistert! Ich bin sehr begeistert! Ich glaube nicht an diese Utopie. Ich glaube, sie wird nicht durchgeführt werden, aber das spielt keine so große Rolle.

Darf ich noch eine Geschichte dazu erzählen? Ich weiß nicht, ob sie wahr ist. Es ist der dritte Tag der Revolution,

*Dr. Ante Pavelic (1889–1952) war Begründer der nationalistischen «Ustascha»-Bewegung in Kroatien. Als sich Kroatien am 10. April 1941 zum unabhängigen Staat erklärte, tritt er an die Spitze von Kroatien. Auf die «Ustascha» gestützt, aus der er sich eine Spezialtruppe herangebildet hat, nimmt er den Nationalitätenkampf auf und verübt unbeschreibliche Greueltaten insbesondere gegen die auf kroatischem Boden lebenden orthodoxen Serben.

und in Petersburg sitzt der Lenin da, und Trotzki kommt herein und sagt: «Wir sind verloren. Man hat Kronstadt erobert», oder was weiß ich. Der Lenin sagt: «Das ist egal! Wir haben ja drei Tage existiert!» Das meine ich. Es wird nicht durchgeführt werden, aber wir sind eine Generation, die die Utopie vor sich sieht. Die Utopie hat blöde Namen wie «Telematik» und «genetische Operationen» und «Cloning» – es sind kolossale Dinge – und «Drogen». Wissen Sie, Drogen sind doch etwas Herrliches, nicht? Haben Sie sich das mal überlegt, daß die Leute gegen die Drogen gehen, ohne sich vorzustellen, daß sie damit gegen den Buddhismus gehen? Kurz und gut, vielleicht wird nichts davon realisiert, aber wir haben diese Horizonte. Die Stimmung, und damit möchte ich enden, wenn Sie einverstanden sind, das Klima, in dem wir uns befinden, ist ein Nach-Katastrophen-Klima. Die Katastrophe ist in den vierziger und fünfziger Jahren eingetreten und wie nach einem Gewitter hat sich die Luft geklärt. Und vielleicht sehen wir jetzt etwas, auch wenn es nie dazu kommen sollte! Dieser absurden Hoffnung möchte ich unser Interview – wenn Sie es gestatten – widmen.

Nachweise

Nationalsprachen Veröffentlichung unter dem Titel «Über den Nutzen, etwas Neues sagen zu können» in *Basler Zeitung*, Ausgabe vom 26. Februar 1991, allerdings um den einleitenden Absatz gekürzt.

Wohnung beziehen in der Heimatlosigkeit Der Text geht auf Manuskriptfassungen zurück, die anläßlich des II. Internationalen «Kornhaus-Seminars» zum Thema «Heimat und Heimatlosigkeit» in Weiler im Allgäu entstanden. Eine andere, kürzere Fassung erschien unter dem Titel «Heimat und Heimatlosigkeit. Das brasilianische Beispiel» 1987 in dem von Christa Dericum und Philipp Wambolt herausgegebenen Buch «Heimat und Heimatlosigkeit» (Karin Kramer Verlag Berlin). Die hier gedruckte Fassung wurde erstmals in Vilém Flusser: «Bodenlos. Eine philosophische Autobiographie» veröffentlicht und später von der Schweizer Zeitschrift «du» und der Wiener Zeitung «Die Presse» in Auszügen nachgedruckt.

Für eine Philosophie der Emigration Undatiertes, unveröffentlichtes Manuskript aus dem Nachlaß Vilém Flussers, entstanden wohl Anfang der siebziger Jahre.

Um entsetzt zu sein, muß man vorher sitzen Veröffentlicht in *Basler Zeitung*, Ausgabe vom 18. Juli 1989; das Manuskript Flussers ist überschrieben mit «Vertreibung».

Planung des Planlosen Veröffentlicht im Feuilleton der *Frankfurter Allgemeinen Zeitung* vom 6. August 1970, mit dem Untertitel «Essay über den Tourismus»; das Manuskript Flussers ist überschrieben: «Für eine Phänomenologie des Turismus».

Wohnwagen Undatiertes, unveröffentlichtes Manuskript aus dem Nachlaß Vilém Flussers, entstanden wohl Anfang der siebziger Jahre.

Vom Gast zum Gastarbeiter Undatiertes, unveröffentlichtes Manuskript aus dem Nachlaß Vilém Flussers, entstanden wohl Anfang der siebziger Jahre.

Nomadische Überlegungen Veröffentlicht in *zeitmitschrift*, Heft 2, 1990.

Häuser bauen Veröffentlicht in *Basler Zeitung*, Ausgabe vom 22. März 1989, unter dem Titel: «Einiges über dach- und mauerlose Häuser mit verschiedenen Kabelanschlüssen».

«Wie schön sind deine Zelte, Jakob» Geschrieben für einen Vortrag am 9. Oktober 1990 zum Thema «Mobile Halle» im Rahmen des Steirischen Herbstes. Das Manuskript ist überschrieben «Zelte»; unveröffentlicht.

Er-fahrung Veröffentlicht in *Perspektiven*, Heft 2, 1991. Die Redaktion der Wiener Zeitschrift hatte Vilém Flusser das Thema «Erfahrung: Mobilität der Gedanken oder der Körper» vorgegeben, und so ist auch das Manuskript überschrieben.

Wiedervereinigung oder Vernetzung Veröffentlicht in *Basler Zeitung*, Ausgabe vom 10. April 1990. Es existieren zwei Manuskriptfassungen; beide tragen den Titel «Wiedervereiniger oder Hacker?»

Gibt es die französische Nation noch immer? Manuskript für einen am 4. November 1991 gehaltenen Vortrag am Berliner Institut Français. Zuerst veröffentlicht in der Wochenzeitung *Freitag*, Nr. 47 vom 15. November 1991; aufgenommen in: Vilém Flusser, Schriften Band 2: «Nachgeschichte. Eine korrigierte Geschichtsschreibung», Bensheim 1993.

Ein aktuelles Thema Geschrieben am 15. Februar 1991; unter dem Titel «Über Aktualität» am 8. März 1991 in der Wochenzeitung *Freitag* veröffentlicht.

Barbareneinfälle Undatiertes, unveröffentlichtes Manuskript aus dem Nachlaß Vilém Flussers, entstanden 1990.

Exil und Kreativität Veröffentlicht in Spuren, Nr. 9, Dezember/Januar 1984/85.

Brief an Linda Reisch und Peter Glotz Der Brief wurde am 19. November 1989 geschrieben.

Vilém Flusser im Gespräch mit Patrik Tschudin Vilém Flusser in Robion in seinem Haus befragt von Patrik Tschudin am Morgen des 30. September 1991, einem Montag, für das Schweizer Radio DRS. Leicht gekürzt gesendet auf DRS-2 am 13. Dezember 1991 um 21 Uhr in PASSAGE-2.

Das Vorwort von Maria Lília Leao wurde von Brigitte Schlieben-Lange aus dem Brasilianischen übersetzt; Erstveröffentlichung in: Über Flusser. Die Fest-Schrift zum 70. von Vilém Flusser, hrsg. von Volker Rapsch, Düsseldorf 1990.

eva REPRISEN

Vilém Flusser

Jude sein. Essays, Briefe, Fiktionen

Hrsg. v. Stefan Bollmann und Edith Flusser.
Mit einem Nachwort von David Flusser
2. Auflage
188 Seiten, Broschur
ISBN 978-3-86393-055-4
Auch als E-Book erhältlich,
ISBN 978-3-86393-559-7

Richard Faber

Abendland. Ein politischer Kampfbegriff

3. Auflage
205 Seiten, Broschur
ISBN 978-3-86393-096-7
Auch als E-Book erhältlich,
ISBN 978-3-86393-557-3

Hans-Georg Flickinger

Neben der Macht. Begriff und Krise des bürgerlichen Rechts

2. Auflage
175 Seiten, Broschur
ISBN 978-3-86393-105-6
Auch als E-Book erhältlich,
ISBN 978-3-86393-564-1

Stefan Breuer

Moderner Fundamentalismus

3. Auflage
236 Seiten, Broschur
ISBN 978-3-86393-095-0
Auch als E-Book erhältlich,
ISBN 978-3-86393-556-6

www.europaeische-verlagsanstalt.de

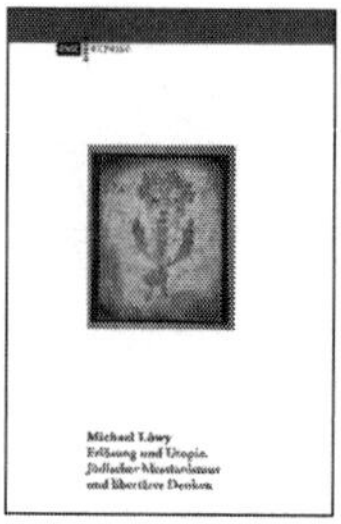